THEK Gefühle heilenGESUNDHEITSBIBLIOTHEK Gefühle hei-
BLIOTHEK Gefühle heilenGESUNDHEITSBIBLIOTHEK Gefühle
SBIBLIOTHEK Gefühle heilenGESU EK Ge-
HEITSBIBLIOTHEK Gefühle heilen OTHEK
JNDHEITSBIBLIOTHEK Gefühle he IBLIO-
GESUNDHEITSBIBLIOTHEK Gefühle TSBIB-
lenGESUNDHEITSBIBLIOTHEK Gefühle heilenGESUNDHEITS-
e heilenGESUNDHEITSBIBLIOTHEK Gefühle heilenGESUND-
efühle heilenGESUNDHEITSBIBLIOTHEK Gefühle heilenGE-
HEK Gefühle heilenGESUNDHEITSBIBLIOTHEK Gefühle hei-
BLIOTHEK Gefühle heilenGESUNDHEITSBIBLIOTHEK Gefühle
SBIBLIOTHEK Gefühle heilenGESUNDHEITSBIBLIOTHEK Ge-
HEITSBIBLIOTHEK Gefühle heilenGESUNDHEITSBIBLIOTHEK
JNDHEITSBIBLIOTHEK Gefühle heilenGESUNDHEITSBIBLIO-
GESUNDHEITSBIBLIOTHEK Gefühle heilenGESUNDHEITSBIB-
lenGESUNDHEITSBIBLIOTHEK Gefühle heilenGESUNDHEITS-
e heilenGESUNDHEITSBIBLIOTHEK Gefühle heilenGESUND-
efühle heilenGESUNDHEITSBIBLIOTHEK Gefühle heilenGE-
HEK Gefühle heilenGESUNDHEITSBIBLIOTHEK Gefühle hei-
BLIOTHEK Gefühle heilenGESUNDHEITSBIBLIOTHEK Gefühle
SBIBLIOTHEK Gefühle heilenGESUNDHEITSBIBLIOTHEK Ge-
HEITSBIBLIOTHEK Gefühle heilenGESUNDHEITSBIBLIOTHEK
JNDHEITSBIBLIOTHEK Gefühle heilenGESUNDHEITSBIBLIO-
GESUNDHEITSBIBLIOTHEK Gefühle heilenGESUNDHEITSBIB-
lenGESUNDHEITSBIBLIOTHEK Gefühle heilenGESUNDHEITS-
e heilenGESUNDHEITSBIBLIOTHEK Gefühle heilenGESUND-
efühle heilenGESUNDHEITSBIBLIOTHEK Gefühle heilenGE-
HEK Gefühle heilenGESUNDHEITSBIBLIOTHEK Gefühle hei-
BLIOTHEK Gefühle heilenGESUNDHEITSBIBLIOTHEK Gefühle
SBIBLIOTHEK Gefühle heilenGESUNDHEITSBIBLIOTHEK Ge-
HEITSBIBLIOTHEK Gefühle heilenGESUNDHEITSBIBLIOTHEK
JNDHEITSBIBLIOTHEK Gefühle heilenGESUNDHEITSBIBLIO-
GESUNDHEITSBIBLIOTHEK Gefühle heilenGESUNDHEITSBIB-

Unter Mitwirkung von
Univ.-Prof. Dr. med. Michael Kunze
Univ.-Prof. Dr. med. René Wenzl
Univ.-Doz. Dr. Ingrid Kiefer
OMR Dr. med. Hans Krammer
Prof. Dr. med. Alexander Meng
MR Dr. med. Karl F. Maier
Dr. med. Klaus Bielau
Dr. med. Christian Matthai
Dr. med. Irene Zifko
Prof. Mag. pharm. Bernd Milenkovics
Mag. pharm. Ernst Frühmann
Michael Weger
Nicola Wohlgemuth

Bitte beachten Sie

Gefühle heilen ersetzt keinen Arztbesuch und keine psychotherapeutische Behandlung. Sollten Sie Beschwerden haben, so klären Sie diese bitte mit Ihrem Arzt oder Therapeuten ab! Gefühle heilen kann Sie gesund erhalten und eine Genesung beschleunigen. Es kann Ihnen auch eine neue Perspektive und Ihrem Leben eine positive Wendung geben.
Doch bitte: Folgen Sie nie einer Anweisung ohne Umsicht und Vorsicht sich selbst und anderen gegenüber.

Autor: Michael Weger

Projektkonzeption: KognosBraun Mediengesellschaft mbH & Co. KG
D-86157 Augsburg

Präsentator: Prof. Hademar Bankhofer

Layout, Satz, technische Bearbeitung: WOW!-Werbeoffice Wilbold, Martin Jurkowitsch, Kneipp-Verlag

Umschlaggestaltung: Dipl. Des. (FH) Anette Kallmeier, D-86199 Augsburg

Coverbild: Eric Audras, PhotoAlto

Fotonachweis:
S. 7, 10/11, 15, 22, 25, 28/29, 31, 33, 45: MEV
S. 12, 20, 32, 40/41, 42, 56, 63: Brand X Pictures
S. 36, 46: Photodisc
S. 17, 59: Stockbyte
S. 18/19, 24 (2x), 26, 52: Imagesource

Druck: Theiss GmbH, A-9431 St. Stefan

ISBN 3-7088-0053-2
Printed in Austria, 2005

Kneipp-Gesundheitsbibliothek

Michael Weger

Gefühle heilen

Emotionen als Medizin

Inhalt

Die Wünsche der Mutter heilen das kranke Kind

Ein Vorwort

Können Sie sich noch an Ihre Kindheit erinnern? Sicher waren Sie mehrmals krank, hatten Fieber, lagen im Bett und fühlten sich elend. Doch da gab es etwas Positives. Mutter war besonders liebvoll, hatte viel Zeit, umsorgte Sie und war viel bei Ihnen. Sie erzählte Ihnen längere Geschichten als sonst. Diese verstärkte Zuwendung genießt jedes Kind. Denken Sie einmal ganz genau zurück: Wenn Sie sich besonders schlecht fühlten, wenn das Fieber sehr hoch stieg, da geschah etwas Wunderbares. Mutter setzte sich ans Bett, streichelte ihr Kind, legte ihm die Hand auf den Kopf. Und es funktionierte. Mutters liebevolle, heilende Hände sorgten dafür, dass Sie schneller wieder gesund wurden, dass Sie Glückshormone im Gehirn aufbauten und damit die Immunkraft stärken konnten. Studien in den USA und in Deutschland haben schon vor Jahren belegt: Die Heilkraft von Mutters Händen ist keine Einbildung.

Gefühle können aber nicht nur bei Kindern als Naturarznei wirken. Prof. Dr. Arthur Stone von der Universität New York hat nachgewiesen: Speziell bei älteren Menschen sinkt durch Einsamkeit die Immunkraft. Aber: Wenn jemand zu Besuch kommt und einige Stunden bleibt, Gespräche führt, Zuwendung zeigt, dann sind in den darauf folgenden Tagen die natürlichen Abwehrkräfte stärker. Wenn man bedenkt, dass Einsamkeit die Ursache für Kopfschmerzen, Migräne, Rückenschmerzen, Verdauungsbeschwerden, Hörprobleme, Atemnot, Bluthochdruck und Ängste sein kann, dann vermag man den Wert eines Besuches zu schätzen.

Gefühle können aber für die Gesundheit noch viel mehr bewirken. Prof. Dr. Tim Murell von der Universität Adelaide in Australien hat 10 Jahre lang 5000 Frauen beobachtet und untersucht. Das Ergebnis seiner Studie lässt aufhorchen: Frauen, die von ihren Männern regelmäßig mit Zärtlichkeiten verwöhnt wurden, die so richtig spürten, dass sie sich an einer starken Schulter anlehnen konnten, konnten besser schlafen, hatten keine Schmerzen an ihren monatlichen Tagen, litten nicht unter Migräne, verfügten über einen ausgeglichenen, gesunden Hormonspiegel.

Mehr noch: Sie hatten ein weitaus geringeres Risiko für Brustkrebs. Die klare Aussage von Prof. Dr. Murell, die in der Öffentlichkeit Aufsehen erregte, lautete: »Liebe, Zärtlichkeit und Achtung vom Mann zur Frau schützt in vielen Fällen vor Brustkrebs!«

Ich werde nie vergessen, wie freudig erregt und begeistert Prof. Dr. Charles Henneken, der damalige Leiter der Medizinischen

Schule an der weltberühmten Harvard Universität im Jahr 1996 war, als ich mich damals in Boston aufhielt und an der Universität einen Kongress leitete. Er kam mir strahlend auf dem Korridor vor seinem Büro entgegen und unterrichtete mich von einer kürzlich abgeschlossenen Studie. Und er meinte: »Jetzt haben wir den Beweis: Gefühle, gute Gedanken und ehrliche Zuwendung können heilen, können den Genesungsprozess eines Patienten erstaunlich beschleunigen.«

Was war geschehen? Ärzte und Psychologen an der Harvard Universität hatten nachgewiesen: Es ist ein großer Unterschied, ob ein Arzt oder eine Krankenschwester sich Zeit nimmt und dem Patienten eine Injektion verabreicht, mit ihm dabei spricht und sich in Gedanken oder in Worten wünscht, dass er bald wieder gesund wird, oder ob eine Krankenschwester, die zu Hause oder in der Klinik gerade Streit hatte, dem Kranken vollkommen emotionslos die Spritze in den Po jagt und gleich wieder davoneilt.

In beiden Fällen wird dasselbe Medikament injiziert. Doch der Erfolg ist unvergleichbar. Die Injektion mit den guten Wünschen und Gedanken fördert den Heilungsprozess. Gefühle können heilen.

Das gilt aber auch umgekehrt. Man weiß heute aus zahllosen Beobachtungen, dass negative Gefühle krank machen können: Neid, Missgunst, aber auch Mobbing führen im Laufe der Zeit sehr oft zu Magenproblemen, zu Herz-Kreislauf-Störungen, zu Depressionen. Sogar das Risiko für eine Krebserkrankung kann steigen.

Darum war es so wichtig, dass dieses Buch von Michael Weger für Sie geschrieben worden ist. Sie sollten sich immer vor Augen halten: Mit positiven Gedanken leben, Liebe und Aufmerksamkeit an andere weitergeben, sich im Alltag emotionsmäßig nicht gehen lassen: Das alles sind Kräfte, die wie eine Naturarznei wirken können. Denken Sie nur daran, warum man mit Freizeitsport so viel für die Gesundheit tun kann: Nicht nur, weil die Atemwege gestärkt, die Muskeln trainiert und die Verdauung in Schwung gebracht werden, sondern weil Sie dabei Glückshormone im Gehirn produzieren. Und diese Glückshormone sind Arzneien. Sie bringen Harmonie in Ihr vegetatives Nervensystem, machen Sie stressfest und schützen Sie vor vielen Krankheiten und Beschwerden.

Dieses Buch ist für Sie persönlich so etwas wie eine »Hausapotheke für die Seele«. Nützen Sie auch diese Möglichkeit und nehmen Sie es ernst. Probieren Sie es doch einfach einmal aus!

Ich wünsche Ihnen viel Freude mit dem Band »Gefühle heilen – Emotionen als Medizin«.

Herzlichst Ihr

Prof. Hademar Bankhofer

Die kränkenden Gefühls-programme der Leistungs-gesellschaft

»Nicht die Zeit fehlt uns heute, sondern das Herz.«

Henri Boulard

Die gesunden Gefühle der Kindheit

Die ersten Jahre unseres Lebens verbringen wir als »Gefühlskörper«. Babys verbringen ihre Zeit mit Berührung, Gerüchen, Gefühlseindrücken, Spiel, mit Nähe und Distanz.

Kleinkinder entdecken das Leben fühlend. Sie erfühlen, empfinden, erspüren die Welt und ihre Nächsten durch körperliche Nähe, durch den Klang der Stimmen und den Rhythmus der Wörter.

Kleinkinder fühlen auch automatisch intensiv mit. Wenn die Freude der Eltern groß ist, freut sich auch das Kind und wenn Angst herrscht, überträgt sich auch diese unmittelbar. Das Nachdenken über die Welt ist noch fern und auch die eigene Sprache kommt erst mit den Jahren. Wir fühlen zu Beginn vor allem und wir verfügen von Geburt an über die völlig gesunde und richtige Art mit Gefühlen umzugehen: Wir zeigen sie sofort. Kein Gedanke, keine Regel und keine körperliche Hemmung blockiert den natürlichen Ausdruck der Gefühle.

Ganz zu Anfang, also in den ersten Monaten nach der Geburt, gibt es nur zwei wesentliche Gefühlsbereiche, nämlich »es geht mir gut« oder »es geht mir schlecht«. Entweder tut etwas weh und passt nicht oder die Welt ist in Ordnung und ich bin zufrieden. Schon nach wenigen Monaten nehmen die Gefühle jedoch weitere Formen an: Schmerz, Angst, Zorn und Freude bis Euphorie. So wie sich unsere Bewegungsfähigkeit steigert, wachsen auch die Gefühle mit.

Gefühle und Bewegung sind stark miteinander verknüpft. Eine Freude ist für ein kleines Kind nur dann wirklich groß und mitreißend, wenn es laut lacht dabei, fast schreit vor Freude, die Arme wild hochreißt und ausgelassen herumtollt. Gibt es hingegen Schmerz, kullern augenblicklich die Tränen, wird bitterlich geweint und der ganze Körper zieht sich zusammen. Gehalten werden ist dann angesagt, getröstet werden ist das Bedürfnis und körperliche Nähe wird aufgesucht. Der Zorn bei Kindern ist heftig und geht ebenso durch den ganzen Körper, mit Händen und Füßen wird »geschrieen« – so lange es erlaubt ist und vom Zorn der Eltern nicht bestraft, also »ausgetrieben« wird.

Der »Gefühlsbaum« wächst. Die Äste der Trauer, des Neids, der Eifersucht, der Scham entstehen. Das Gefühl von Liebe und Zugehörigkeit wird lebendig, Glück nimmt seine Form an und auch das Machtgefühl keimt.

Doch die Entwicklung dieses Baumes und seiner späteren Früchte hat bereits sehr viel mit dem Elternhaus, mit der Umgebung und den gesellschaftlichen Einflüssen zu tun.

Genetische Faktoren kommen hinzu, Statur und Aussehen haben ihre Rückwirkung auf das Selbstwertgefühl, und vor allem: Welche Gefühle werden gepflegt in einer Familie, welche stehen auf der Tagesordnung, welche dürfen wie intensiv und wann ausgedrückt werden?

Welche Gefühle werden täglich trainiert und programmiert?

Haben Gefühle überhaupt einen Stellenwert, außer dem, dass sie zumeist als negativ – weil störend – empfunden werden?

Fest steht: Wer erwachsen ist, singt und jubelt nicht mehr laut drauflos, wenn ihm danach ist. Erwachsene schreien auch nicht, wenn sie zornig sind oder schämen sich zumeist für ihre Tränen. Sie verbergen ihr Zittern, wenn sie sich fürchten. Die Körper von Erwachsenen bewegen sich zwar tadellos – aber monoton und unlebendig.

Nahezu jeder Gefühlsausdruck geschieht kontrolliert oder wird verborgen.

Warum ist das so? Vielleicht, weil ein Mensch mit starken Gefühlen auch eine starke Persönlichkeit ist und sich deshalb nicht so leicht herumkommandieren lässt? Weil Eltern Angst vor den starken Gefühlen ihrer Kinder haben, ebenso wie Führungskräfte Angst vor den wahren Gefühlen ihrer Mitarbeiter?

Wer hat uns das Fühlen so verboten?

Wer hat es unseren Eltern und deren Eltern verboten?

Es geht in diesem Buch nicht darum, die Kulturgeschichte der Emotionen zu beschreiben. Es drängt sich aber auf, diese Hintergründe zu beleuchten, denn – die Früchte des mächtigen Gefühlsbaumes, der sich in und mit uns entfalten wollte, verdorren in dieser Leistungsgesellschaft mehr und mehr. Gefühle sind verpönt, werden unterdrückt, zurückgehalten und dürfen nicht nach außen dringen.

Das Gefühlstabu von Schule & Beruf

Spätestens mit dem Einsetzen des Schulalltags, also im Alter von rund 6 Jahren, werden Gefühle von einem Tag auf den anderen für mindestens 4 Stunden täglich gebremst. Es darf seltener gelacht und nicht geweint werden, Schmerzen oder Nervosität werden wenig beachtet, das Lernen und Können stehen im Vordergrund.

Mit der Benotung der Schulzeit beginnt konzentriert die Wertung und Beurteilung durch die Welt, in der wir leben.

Welche Gegenstände sind wichtig? Welche Leistung erregt Aufsehen, wird vorgezeigt und mit Nähe und Liebe belohnt? Wird ein intaktes Gefühlsleben belohnt oder die intakte Anpassung an die Verhaltensweisen der Schulgesellschaft?

Wir kennen die Antworten alle: Brav sein, nur durch Leistung auffallen, keine unnötigen oder störenden Äußerungen – keine Gefühle zeigen!

Können Sie sich daran erinnern, dass Ihr Lehrer Sie nach Ihrem Befinden gefragt hat, bevor er Ihre Schularbeit benotet hat? Oder hat man Sie darin geschult, mit Nervosität und Versagensängsten umzugehen?

Haben wir Lernen je gelernt? Oder vielleicht die Gefühle – wenn schon vormittags störend – so doch wenigstens nachmittags auszuleben? Haben wir je gelernt, das Leben zu genießen?! Wir haben eine Reihe von sportlichen Bewegungsabläufen im Turnunterricht erlernt, aber nicht eine sprechende, lebendige Geste unserer Hände.

Gefühle werden mit Beginn der Schulzeit zum Tabu. Die Bildung des Geistes tritt völlig in den Vordergrund und die Bildung des Herzens tritt in den Hintergrund. Stress, Druck, Furcht und Konkurrenzkampf bestimmen den Alltag.

Im Berufsleben geht es genauso weiter: Gefühle sind verpönt, haben keine Bedeutung und wer seine Gefühle zeigt, gilt als sonderbar, hysterisch oder zu sensibel.

Zwar leiden über 65 % aller in Mitteleuropa berufstätigen Menschen unter den Spannungen mit Kollegen oder unter einem schlechten Arbeitsklima, doch den Gefühlen, die sich dahinter verbergen, wird keine Beachtung geschenkt. Also: Eher krank werden und das Übel in sich hineinfressen, als das Unbekannte in Angriff nehmen.

Manche Menschen hat dieser unausgeglichene Gefühlshaushalt zu tickenden Zeitbomben werden lassen: Sie explodieren dann irgendwann.

Der Umgang mit Gefühlen ist für viele Menschen Neuland. Gefühle zu zeigen und auszusprechen fällt sehr schwer, besonders wenn es um Schwäche oder um Ängste geht.

Wir haben für viele praktische Lebensbereiche unser Handwerk gut gelernt – Auto fahren, Einkaufen gehen, Handy, PC und TV bedienen, Kontoauszüge lesen, Kochen –, aber mit unseren Gefühlen gehen wir schlecht um. Doch: Gefühle sind das Leben selbst.

Auf neutrale Gefühle programmiert

Es gibt einen einfachen Grund, warum uns ein offener Umgang mit Gefühlen, also eine Änderung unseres Verhaltens so schwer fällt: Wir sind durch hundert- bis tausendmalige Wiederholung darauf »programmiert« worden, unsere Gefühle zu zügeln oder zu verbergen.

Wie oft haben Sie diese Sätze gehört? Setz dich hin! Nicht so laut! Hör auf zu schreien! Jetzt gib endlich Ruhe! Warum weinst du denn schon wieder?! Keine Schwäche zeigen! Du musst jetzt stark sein! Wovor hast du denn Angst? Lass das! Nicht so nah! Finger weg! usw.

Jedes gewohnte Verhalten in unserem Leben ist auf Wiederholung gegründet. Wir putzen uns täglich mehrmals die Zähne, weil unsere Eltern uns beflissen Hunderte Male dazu angehalten haben. Wir verbergen aber auch aus demselben Grund unsere Gefühle.

Wie bereits erwähnt sind die Regeln für unser Gefühlsleben über viele Generationen hin entstanden. Es trägt niemand die Schuld und gewiss wollten unsere Eltern und deren Eltern nur das Beste für ihre Kinder. Sie haben uns mit viel Mühe und Liebe auf kleine und neutrale Gefühle hin programmiert.

Die Leistungsgesellschaft besteht mittlerweile auf eine solche gefühlsneutrale Professionalität und – krankt daran.

Auf Gehorchen programmiert

Warum erregen so viele Kleinigkeiten des Alltags unser Gemüt? Warum lassen wir uns wieder und wieder von negativen Gefühlen unserer Umwelt anstecken? Warum zucken wir überhaupt zusammen, wenn jemand uns plötzlich anschreit? Ganz einfach:

Wir sind darauf programmiert zu gehorchen und haben sehr wenig Übung darin, unser Verhalten selbst zu bestimmen.

In den ersten Jahren unseres Lebens wurden negative Gefühle schließlich immer von Erwachsenen geäußert, also von uns weit überlegenen Personen. Je heftiger diese Gefühle waren, desto bedrohlicher war die Situation.

Zusätzlich wurden wir oft mit Gefühlen zum Folgen erzogen: Zuwendung und Nähe gab es als Belohnung für das »Brav-sein« und »Gehorchen«. Eigensinn wurde häufig mit Ablehnung oder Strafe geahndet.

Denken wir noch einmal an die Schulzeit: Der tägliche Stundenplan ist vorgegeben. Was in den Stunden zu lernen ist, ist vorgegeben. Ebenso die Dauer einer Unterrichtseinheit usw. Denken wir an den Beruf: Im Allgemeinen sind die Abläufe vorgegeben und auch das Wann, Wo und Wie.

Wir haben uns perfekt daran gewöhnt, den Vorgaben von anderen oder den Strukturen eines Systems zu folgen.

Aber: Wir haben uns nie an Selbstbestimmung oder an eigenes, freies Entscheiden gewöhnt.

Es fällt uns viel leichter, einer Vorgabe, die von außen auf uns zukommt, zu folgen, als den nächsten Schritt aus eigenem Antrieb heraus zu setzen.

So reagieren wir oft viel zu schnell auf Angriffe von außen. Wir kauen häufig die Negativberichte der Medien wieder und regen uns über das rücksichtslose Verhalten der Nachbarn auf.

Wir sind ein gewisses Maß von negativen Gefühlen und Missstimmungen so gewöhnt, dass es uns normal vorkommt.

Unser Gehirn »vergewaltigt« Gefühle und Körper

Worauf wir als Kinder und junge Menschen von unserem Umfeld programmiert worden sind, ist schließlich zum festen Bestandteil unseres eigenen Denkens und Glaubens geworden.

Wir denken selbst, dass es besser ist, Gefühle zu verbergen, misstrauisch gegen jeden und alles zu sein, Vorsicht walten zu lassen, statt etwas zu riskieren.

Wir sind fest davon überzeugt, dass Entscheidungen vor allem aus dem Denken und Überlegen heraus gefällt werden sollen und nicht »aus dem Bauch«.

Wir unterdrücken unsere spontanen Gefühlseingebungen und körperlichen Ausdrucksformen. Wir sagen oft noch »Ja«, wo wir längst schon »Nein« schreien sollten. Wir bewegen uns ohne Esprit und unsere Hände hängen lasch an unseren Seiten herab oder verkriechen sich in die Hosentaschen.

Es ist nicht nur unsere Gesundheit, die unter dem falschen Umgang mit Gefühlen leidet, es betrifft unser gesamtes Leben. Erfolg, Konzentration, Lernen, Ausstrahlung, Leistungskapazität, Lebensenergie – all diese Faktoren sind unmittelbar mit unserem Fühlen verbunden.

Ob Sie erfolgreich sind oder gerade von einer Krankheit genesen, den ganzen Erfolg und die ganze Gesundheit werden Sie erst erlangen, sobald Ihr Gehirn gelernt hat, Ihren Gefühlen zu folgen.

Die renommierte amerikanische Neurowissenschaftlerin Candace B. Pert formuliert in ihrem Buch »Moleküle der Gefühle«:

»Körper, Gefühl und Geist bilden zusammen ein großes ganzheitliches Gehirn – ein psychosomatisches Netzwerk.

Werden Gefühle am Ausdruck gehindert, wird der biochemische Fluss im Körper unterbrochen. Die natürliche Informationsweitergabe wird blockiert – der Körper erkrankt.

Es scheint, dass gut 80 % aller Krankheiten auf unterdrückte Gefühle zurückzuführen sind und die verbleibenden 20 % haben etwas damit zu tun.«

Vom Gefühlstabu zur Gefühlskrankheit

Gefühle sind das Stiefkind der Leistungsgesellschaft. Mancherorts beginnt langsam ein Umdenken, doch zumeist werden Emotionen nach wie vor zur Tabuzone erklärt, in die keiner sich zu weit hineinwagen darf.

Die neuesten Erkenntnisse der Molekularbiologie belegen jedoch eindeutig, dass Gefühle die zentralen Botenstoffe im Körper steuern und sämtliche Körper- und Mentalfunktionen beeinflussen.

Schwere Krankheiten sind meist (Spät-) Folgen mit mehreren Ursachen, doch beim Entstehen der Krankheit spielen Gefühle immer eine wichtige Rolle.

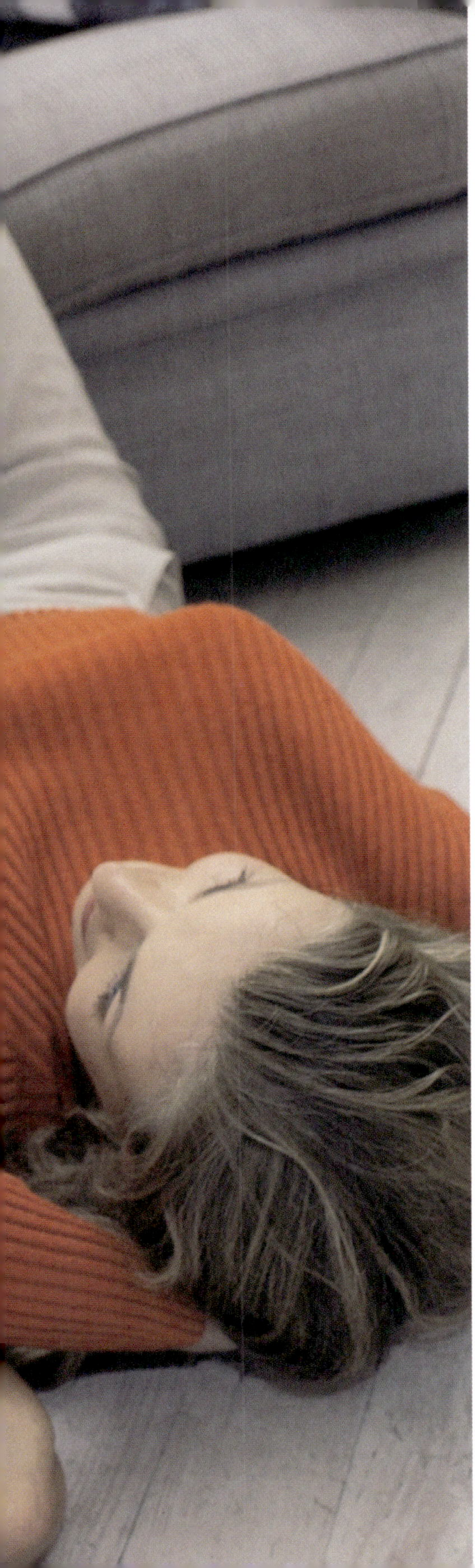

Die große Entdeckung der Molekularbiologie

Der natürliche Fluss unserer Gefühle ist verantwortlich für unsere Lebenskraft, unsere Leistungsfähigkeit und unser Glücksempfinden. Damit er in Bewegung bleibt, müssen Gefühl, Körper und Geist eine Einheit bilden.

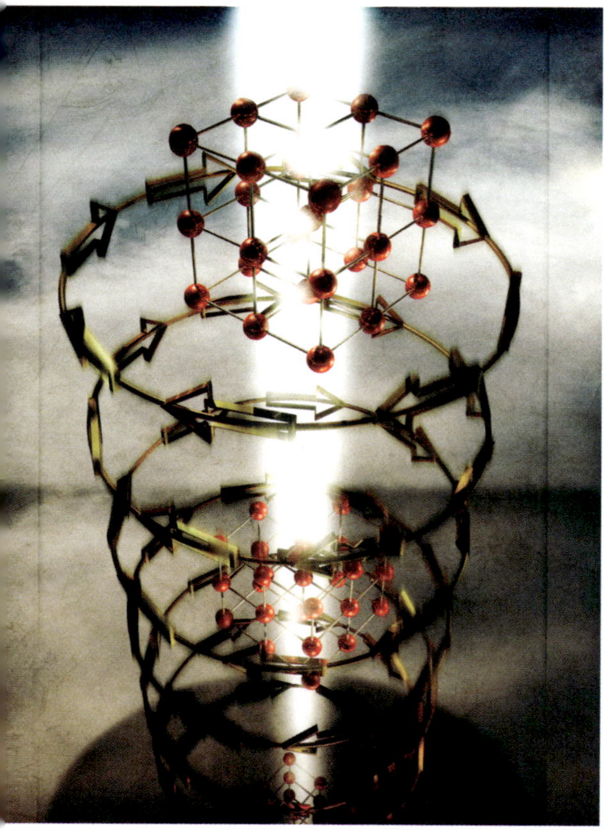

Seit nicht ganz zwei Jahrzehnten gibt es im Bereich der Molekularbiologie einen neuen, bedeutsamen Zweig: die Psychoneuroimmunologie. Dieses Fachgebiet befasst sich mit den Zusammenhängen zwischen Psyche, Gehirn, Hormonsystem und Immunsystem. Nobelpreisträger für Medizin der letzten Jahre kamen aus den Reihen dieser Wissenschaftler.

Die von hier beschriebenen Erkenntnisse sind stark vereinfachte Darstellungen der hochkomplexen, biochemischen Prozesse und sollen vor allem ein bildhaftes Verständnis für die Gefühle in unserem Körper und ihren Zusammenhang mit Krankheiten geben.

Die Biochemie des Gefühls

Unser Körper besteht aus rund 70 Billionen Zellen. Der gesamte Organismus ist aus diesen Zellen aufgebaut. Ob es uns gut geht oder schlecht, ob wir gesund bleiben oder erkranken – die Zellen entscheiden darüber.

Unsere Lebenskraft, unser Antrieb, die Fähigkeit sich zu konzentrieren, schnell zu lernen, dies und vieles mehr hängt von der Wirkungsweise der Zellen ab.

Stellen Sie sich vor, jede Zelle ist eine gigantische Chemiefabrik.

Mehrere Millionen Türen führen in das Innere der Fabrik auf geradem Weg zur Schaltzentrale, dem Zellkern. Und durch die unzähligen Türen kommen den ganzen Tag lang Botschafter mit speziellen Schlüsseln herein, die der Zentrale Informationen überbringen, was sie zu produzieren hat. Jeder Schlüssel passt nur in eine Tür und jeder Botschafter hat nur eine Botschaft.

Sind die Botschafter gut gelaunt und überbringen gute Nachrichten, dann produziert die Chemiefabrik Gesundheit, Lebendigkeit, Ausstrahlung.

Im negativen Fall erfüllt sie ebenso ihre Aufgabe und – produziert Krankheit, Trägheit, Leere.

Gefühlsmoleküle überbringen der Zelle Botschaften

Zum Beispiel Endorphin – das bereits allgemein bekannte »Glücksmolekül« – ist ein solches Gefühlsmolekül, das besonders gute Informationen für Zelle und Zellkern bereithält – es initiiert unser Glücksgefühl und reduziert das Schmerzempfinden. Weitere Gefühlsbotschafter sind Serotonin oder Cortisol, das so genannte Stresshormon Adrenalin, der Angst- und Kampfstoff Noradrenalin, Dopamin, Histamin u. v. m.

> Die Botenstoffe treffen auf die Rezeptoren der Zellmembran. Die Rezeptoren sind die oben erwähnten Millionen Türen in die Zelle.
>
> Um den richtigen Rezeptor zu finden, summen und schwingen die Botenstoffe. Diese Vibration ist sozusagen der Schlüsselcode, um in die Zelle einzudringen. Wir nehmen diese Vibration von Botenstoffen und Rezeptoren oft als Kribbeln wahr. Gerade im Magen-Darm-Bereich gibt es eine Häufung von Rezeptoren auf den Zellmembranen. Und genau dort spüren wir auch die berühmten »Schmetterlinge im Bauch«.

Unser »Gefühl-Körper-Geist-Netzwerk«

Je nach Gefühlslage werden verschiedene Gefühlsmoleküle mit entsprechenden Botschaften ausgeschüttet.

Zur gleichen Zeit wie im Gehirn werden überall an der Wirbelsäule, im Darm, im Herzen und an anderen Stellen »Gefühle« ausgeschüttet.

Erinnerungen, Verhaltens-, Sprech- und Denkgewohnheiten sitzen also förmlich in unserem Körper fest und ermöglichen oder verhindern den gesunden biochemischen Fluss der Gefühle.

Daraus ergibt sich die Erkenntnis:

Körper und Gefühl, Geist und Seele bilden zusammen ein großes, ganzheitliches Gehirn – ein »emopsychosomatisches« Netzwerk.

(Der Einfachheit halber wird in weiterer Folge die Abkürzung »EPS-Netzwerk« verwendet.)

Der natürliche Fluss der Gefühle

Stellen Sie sich folgende archaische Situation vor:

Mensch kämpft mit Raubtier.

Der Mensch erlebt Stress. Enormen Stress, denn sonst wäre ein Überleben ausgeschlossen. Er fühlt Todesangst. Es bleiben ihm nur zwei Alternativen: Kampf oder Flucht. Entschließt er sich zu kämpfen, muss er Aggression aufbauen. Entschließt er sich zur Flucht, reicht die Todesangst bereits aus um loszustarten.

In beiden Fällen – Kampf oder Flucht – sind folgende Punkte klar ersichtlich:

- Die für uns oft negativen Emotionen Angst und Aggression sind zum Schutz da – zur Lebenserhaltung.
- Die Emotionen produzieren eine gewaltige Energie.
- Diese Energie dient dazu, große körperliche Aktivität einzuleiten und umzusetzen.
- Im Falle des Kampfes wird auch ein stimmlicher Ausdruck in Form von Kampfgeschrei zur Machtdemonstration vorbereitet.

Diese einfache Geschichte hält uns den natürlichen Fluss der Gefühle sehr plastisch vor Augen:

Gefühle verlangen immer einen körperlichen Ausdruck von uns. Sie verlangen eine Handlung. Sie dienen unserem Schutz und geben uns Kraft für unsere Entwicklung.

Gefühlsgift – die fehlgeleitete Emotion

Gefühle verlangen also danach, durch den Körper ausgedrückt zu werden. So genannte negative Gefühle sind nicht von Haus aus negativ, da ihr ursächlicher Sinn in der Lebenserhaltung bestanden hat. Jedoch der falsche Umgang mit ihnen lässt sie gefährlich werden. Man kann ganz allgemein feststellen, dass aus unterdrückten Gefühlen negative Gefühle werden.

Diese verhaltenen, negativen Emotionen sind wahres Gift für den Körper und machen krank.

»Wenn du unter deine Depressionen blickst, findest du Wut. Wenn du unter deine Wut blickst, findest du Traurigkeit. Und unter der Trauer, da liegt die Wurzel von alldem, was in Wahrheit verborgen werden soll – die Angst.«

Deepak Chopra

Der blockierte Fluss der Gefühle

Wir alle erleben immer mehr Stress, Furcht, Ärger und folgen dennoch den alten, ja geradezu tödlichen Gefühlsregeln:

- Verbirg deine Gefühle!
- Zeig nie deine Schwäche!
- Wer stark ist, schweigt!
- Zittere nicht!
- Schwitz nicht!
- Wein nicht!
- Lach nicht so laut!
- Schrei nicht!
- Und vor allem: Über Gefühle spricht man nicht!

Diese und viele andere Gesellschaftsregeln unterdrücken unsere Gefühle. All diese Regeln sind tief in unserem Denken verankert.

Und was noch schlimmer ist: Die verkrusteten Dogmen beherrschen unsere Gefühle! Denn wir können nur mehr fühlen, was diese Regeln uns zu fühlen erlauben.

Ein Beispiel:

Sie sind aufgefordert, eine kurze Rede zum runden Geburtstag Ihrer Mutter zu halten. Sie bereiten sich vor, lernen den Text, üben vielleicht vor dem Spiegel, stehen schließlich bei der Feier auf und – zittern, schwitzen, sind nervös. Ihr Denken sagt Ihnen automatisch: Keine Schwäche zeigen, nicht

zittern und hoffentlich halten die Schweißeinsätze unter den Achseln dicht. Was geschieht in Folge? Die typischen Symptome für einen blockierten Gefühlsfluss treten auf.

Der vorbereitete Text ist plötzlich weg, die Stimme bleibt im Hals stecken, Ihr Herz beginnt zu rasen und eh Sie sich versehen, sitzen Sie wieder auf Ihrem Stuhl, fühlen sich ausgelaugt und als Versager.

Der gesunde und erfolgreiche Weg wäre es gewesen, Ihre Nervosität einzugestehen, Ihr Zittern zu akzeptieren und die Rede einfach damit zu beginnen, das auszusprechen: »Ich bin etwas nervös, aber das geht Ihnen sicher auch so, wenn Sie so eine Rede…«

Schon nach wenigen Augenblicken wäre es Ihnen besser ergangen und nebenbei: Sie machen sich Freunde damit, wenn Sie eine Schwäche eingestehen.

Eine andere Möglichkeit: Keine Rede halten, das Ansinnen von vornherein ablehnen und das

»Nein«-Sagen üben!

Gefühlsmedizin tanken – dem Fluss folgen

Die Kraft der Emotionen als lebensspendende oder zerstörende Energie hat also ganz entscheidend mit dem richtigen Ausdruck zu tun.

Körper, Gefühl und Geist sind nicht zu trennen und müssen miteinander handeln.

Wer glaubt, ein negatives Gefühl richtet keinen Schaden an, wenn man es nur für sich behält, begeht einen gefährlichen Trugschluss. Das negative Gefühl hat, lange bevor es um den Ausdruck geht, schon in unserem Körper zu wirken begonnen. Es ist längst real und wirklich.

Treffen Gefühlsmoleküle mit »negativer Stimmung« auf unsere Zellen, veranlassen die Zellen im Körper Bereitschaft für Kampf oder Flucht. Werden nun körperlich entsprechende Verhaltensweisen eingeleitet, kann der Organismus dem biochemisch natürlichen Fluss folgen und dies hat positive Auswirkungen auf die Gesundheit und das Wohlbefinden. Bei richtigem, gesundem emotionalen Verhalten werden negative Gefühle abgebaut.

Werden Gefühlsausbrüche zurückgehalten, wird das Gefühl zu Gift, weil der Körper dem biochemisch natürlichen Fluss nicht folgen darf.

Gefühlsmedizin tanken bedeutet also:

- Geben Sie Ihren Gefühlen – wann immer es möglich ist – einen Ausdruck.
- Aktivieren Sie so viele positive Gefühle wie möglich.

Bei positiven Gefühlen werden viele **Glückshormone** ausgeschüttet, die das gesamte EPS-Netzwerk positiv beeinflussen.

Endorphin und Serotonin:
Treten häufig gemeinsam auf und sind unsere körpereigenen Glücks- und Schmerzdrogen. Wann immer uns Wohlgefühle durchfluten, sind diese beiden Hormone im Spiel.

Acetylcholin:
Lernen, Denken und Gedächtnisleistung werden durch Acetylcholin gesteuert und aktiviert.

Thyroxin:
Das Schilddrüsenhormon kurbelt den Stoffwechsel an.

Glück statt Grippe – Glücksmoleküle blockieren das Virus

Sind Sie schon einmal krank geworden, kurz vor einem traumhaften Urlaub?

Natürlich kann das vorkommen, z. B. wenn man lange Zeit enormem Stress ausgesetzt war und dann »loslässt«. Im Allgemeinen aber ist das Gegenteil der Fall: Studien belegen, dass die Wahrscheinlichkeit in einem glücklichen oder freudvollen Zustand an einer Erkältung zu erkranken um rund 60 % geringer ist als im Falle von Stress, Überlastung oder auch Einsamkeit.

Unter den Aspekten der Psychoneuroimmunologie betrachtet, gibt es dafür eine gut nachvollziehbare Erklärung:

Ein Grippevirus zum Beispiel benutzt, um in eine Zelle zu gelangen, die gleichen Rezeptoren (»Türen«) wie manche positiven Gefühlsmoleküle. Wenn nun in der Nähe eines bestimmten Rezeptors eine große Menge solch eines Moleküls vorhanden ist, versperrt dieses positive Molekül den Eingang – das Virus wird abgeblockt.

Diese Erkenntnisse bringen für die Pharmakologie neue Perspektiven. Es wird nach Stoffen gesucht, die spezielle Rezeptoren an den Zellen verschließen, so dass Krankheitserreger nicht mehr eindringen können.

Für Sie und die nächste Grippewelle bedeutet das: Sorgen Sie dafür, dass Sie genügend positive Gefühlsbotenstoffe ausschütten. Dann müsste das Grippevirus eigentlich »vor verschlossenen Türen« halt machen.

Gute Tipps, wie Sie Glücksmoleküle aktivieren, erhalten Sie bei den 15 GEFÜHLE-HEILEN-Richtlinien auf Seite 80 ff.

Der Gewöhnungseffekt der Rezeptoren

Glücklichen Menschen fällt es leichter anhaltend glücklich zu sein. Durchleben Menschen aber zum Beispiel eine lange Phase der Einsamkeit, so fällt es immer schwerer aus der Einsamkeit aufzutauchen und wieder in Beziehung mit anderen zu treten.

Es scheint fast so, als würde sich der Organismus an oft wiederholte Gefühlslagen gewöhnen, selbst wenn das Gefühl unerwünscht ist. Auch bei Streitigkeiten zwischen Ehepartnern ist dieser Effekt zu beobachten: Wenn der Streit sich einmal »eingenistet« hat und mit einer gewissen Regelmäßigkeit auftritt, wird es immer schwerer, zum Verständnis zurückzukehren.

Schuld daran ist der Gewöhnungseffekt der Rezeptoren.

Wenn wir Gefühle häufig und stark erleben, führt das zu einer »Überflutung« des gesamten EPS-Netzwerks mit den entsprechenden Botenstoffen. Diese Überflutung verändert mit der Zeit die Rezeptoren auf der Zellmembran: Es werden mehr Rezeptoren der häufig gebrauchten Art bereitgestellt.

Die Zelle gewöhnt sich einseitig an spezielle Gefühle und entwickelt so eine Art biochemisches Gedächtnis. Es wird für den Organismus in Zukunft immer leichter, dasselbe Gefühle wieder zu empfinden.

Daraus ergibt sich eine einfache, aber grundlegende Richtlinie:

Achten Sie darauf, welche Gefühle Sie tagtäglich erleben! Bemühen Sie sich insgesamt, Ihr Netzwerk an schöne Gefühle zu gewöhnen.

Üben Sie täglich ein Hochgefühl!

Dem »Herzen folgen« – Wege zur emotionalen Gesundheit

Gefühle sind das Zentrum unseres Lebens, sie sind alles, was wir uns täglich wünschen. Gemeinschaft, Nähe und Zugehörigkeit sind die Grundlagen für ein intaktes Gefühlsleben und erhalten unsere Gesundheit.

Studien belegen die Heilkraft der Gefühle

Es sind bereits viele Langzeitstudien durchgeführt worden, die das Thema Psyche, Gefühle und Gesundheit zum Inhalt hatten. Besonders in den letzten 2 Jahrzehnten wurde die Auswirkung der Gefühle auf die Gesundheit gemessen und belegt.

Obwohl zahlreiche Studien weltweit unter völlig verschiedenen Bedingungen durchgeführt wurden, kamen alle zu einem ähnlichen Ergebnis:

Sozial isolierte Menschen haben im Vergleich zu jenen, die über ein starkes Zusammengehörigkeits- und Gemeinschaftsgefühl verfügen, ein mindestens zwei- bis fünfmal so hohes Risiko vorzeitig zu erkranken und zu sterben.

Dr. med. Dean Ornish; siehe Quellen, Seite 89.

Besonders Gemeinschaft, Nähe und Zugehörigkeit mindern also das Risiko zu erkranken. Und gerade diese drei Faktoren kann man als den Nährboden für ein intensives und offenes Gefühlsleben bezeichnen. Im intakten Familienverband stellt das gegenseitig entgegengebrachte Vertrauen die Basis für ein »offenes Herz« dar. Probleme können an- und ausgesprochen werden. Man kennt einander besser und fühlt stärker mit dem anderen mit. Nähe wird über Berührungen ausgetauscht.

Ein Zornesausbruch kommt schon einmal vor, hinterlässt aber keine tief greifenden Verletzungen. Auch Tränen fließen ohne Scham.

Nähe und Gemeinschaft sind der Schlüssel für ein positives Gefühlsleben und für die Gesundheit.

Stellvertretend für viele Studien hier eine besonders viel sagende: die Roseto-Studie.
Roseto ist eine Stadt mit italoamerikanischer Bevölkerung im Osten von Pennsylvania. Über fünfzig Jahre lang wurden die Menschen der Stadt intensiv beobachtet. Man stellte fest, dass in den ersten dreißig Jahren der Untersuchung in Roseto im Vergleich zu den Nachbarorten auffallend wenig Menschen an Herzinfarkt starben und das, obwohl die konventionellen Risikofaktoren (Rauchen, fettreiche Ernährung etc.) ebenso vorhanden waren. Der Grund dafür lag darin, dass die Gemeinde Roseto 1882 von Einwanderern besiedelt wurde, die allesamt aus einer einzigen Stadt in Süditalien stammten. Zusammengehörigkeit, ethische und soziale Homogenität sowie familiäre Bindungen waren besonders stark ausgeprägt.
Als sich in den siebziger Jahren dieser Zusammenhalt langsam aufzulösen begann, stieg auch die Sterblichkeitsrate auf das gleiche Niveau wie in den Nachbargemeinden.

Gefühle sind das Zentrum unseres Lebens

An welches Ereignis Ihrer jüngsten Vergangenheit erinnern Sie sich spontan als erstes?

Bestimmt handelt es sich um ein stark gefühlsbetontes Ereignis.

An welchen Lehrer aus Ihrer Schulzeit erinnern Sie sich am besten?

Wahrscheinlich an einen, der entweder mit dem ganzen Herzen bei der Sache war oder an einen, der besonders viele, vielleicht sogar negative Gefühle in Ihnen ausgelöst hat.

Geburten, Hochzeiten, Todesfälle, der erste Schultag, die erste Verliebtheit, eine Reise in ein fremdes Land – alles, was uns besonders in Erinnerung bleibt und unser Leben ausmacht, ist voll von Gefühlen.

Wie stellen Sie sich ein erfülltes Leben vor? Wahrscheinlich reich an schönen Gefühlen und arm an Misstrauen, Unglück, Verzweiflung usw.

Sie fahren sicher nicht in ein Kriegsgebiet auf Urlaub oder sehnen sich nach Streit in Ihrer Familie.

Alles, was wir täglich wünschen, sind gute Gefühle. Alles, wonach wir uns sehnen, ist: gemocht zu werden, Liebe zu erfahren und unsere Zeit in Harmonie und Glück zu verbringen.

Gefühle sind das Zentrum unseres Lebens. Sie bewegen uns, sind der Antrieb für unsere Leistungen und Fortschritte, sie weisen uns den Weg bei schwierigen Entscheidungen.

Seinem Herzen näher zu kommen und den Gefühlen die ganze Beachtung zu schenken, ist der effektivste Weg zu anhaltender Gesundheit und auch zu Erfolg.

Gefühle stecken an

Sie haben den Bus genommen und sind auf dem Weg nach Hause. Ihnen gegenüber sitzt ein junges Mädchen. Sie verbirgt ihr Gesicht hinter einem Taschentuch und weint bitterlich.

Was tun sie?

Schenken Sie ihr Aufmerksamkeit? Versuchen Sie, das Mädchen zu trösten? Wenden Sie sich ab? Denken Sie an etwas anderes? Wechseln Sie vielleicht den Sitzplatz, um diesen Anblick nicht weiter ertragen zu müssen?

Wie auch immer Sie reagieren: Jedes intensive Gefühl eines Gegenübers hat etwas Zwingendes – es steckt an und wir können uns kaum entziehen.

Das bringt Vorteile, wenn es sich um ein gutes Gefühl handelt. Ist das Gefühl jedoch negativ, haben wir oft damit zu kämpfen, nicht mithineingezogen zu werden.

Gefühle strahlen aus. Je intensiver ein Gefühl ist, desto stärker erreicht es andere Menschen.

Denken Sie an Begräbnisse: Man wird von Trauer mitgerissen, selbst wenn man dem Verstorbenen gar nicht so nahe gestanden hat. Oder die unglaublichen Massen-Hochgefühle bei Popkonzerten: Da geschieht eine Art gegenseitiger Aufladung, die zwingend und faszinierend ist. Das Phänomen der Gefühlsübertragung ist auch der Grund dafür, warum ein im Kino erlebter Film stärker in Erinnerung bleibt, als ein Fernsehfilm – die Gefühle tauschen sich unter den vielen Zuschauern aus.

Die charismatische Anziehungskraft großer Anführer beruht auf der Fähigkeit, viele Menschen bewusst mit Gefühlen anzustecken und zu »verführen«.

Die 10 Faktoren eines offenen Herzens

Natürlich gilt der Begriff »offenes Herz« als Symbolbegriff. Das Herz als Organ nimmt aber doch eine zentrale Stellung in unserem Gefühlsleben ein (siehe auch Herz-Kreislauf-Erkrankungen Seite 43 ff.).

Unter dem Begriff »offenes Herz« lässt sich eine Art Idealzustand für unseren Gefühlshaushalt beschreiben. Es ist ein Zustand, der, angepasst an unseren Alltag, natürlichen Schwankungen unterliegt. Ein Idealzustand lässt sich, ähnlich wie »Glück«, entweder nur hin und wieder erreichen oder wird zu einer Art lebensbestimmendem Grundton. Er sollte jedoch nie zu einem absoluten Maßstab werden, denn es ist ein wesentlicher Bestandteil des offenen Herzens, sich selbst mit seinen Fehlern und Schwächen zu akzeptieren.

Gefühle sagen die Wahrheit

Wann immer wir »die Zähne zusammenbeißen«, »etwas hinunterschlucken«, verheimlichen oder verschweigen – sind Gefühle im Spiel. Alles, was wir nicht ausdrücken, was niemand von uns wissen soll, was uns peinlich ist oder wofür wir uns schämen, hat mit verborgenen Gefühlen zu tun.

Erinnern Sie sich kurz an die letzte Situation, in der Sie es vorziehen mussten, die Unwahrheit zu sagen. Sie wollten nicht verletzen oder nicht verletzt werden. Sie wollten niemanden kränken, auch wenn Ihnen vielleicht viel daran gelegen wäre, für eben jene Sache einzustehen. Vielleicht hatten sie auch einfach Furcht vor den Konsequenzen.

Was uns kränkt, verletzt, wütend macht, was wir nicht aushalten können, was uns nicht eingeht – immer dann, wenn ein negatives Gefühl einem anderen Menschen gegenüber entsteht, finden wir keinen rechten Weg, unsere Gefühle auszudrücken.

Die 10 Faktoren eines offenen Herzens

1. **Gefühlsbewegung:** Das offene Herz ist zu allen Gefühlen fähig und kann schnell von einem Zustand in den nächsten wechseln.
2. **Gefühlsintensität:** Das offene Herz fühlt die intensivsten und feinsten Gefühle.
3. **Gefühlsfreiheit:** Das offene Herz ist nicht an spezielle Gefühle (z. B. Sorgen) gebunden. Es kann immer wieder loslassen und sich neu einstellen.
4. **Gefühls-Timing:** Das offene Herz folgt dem natürlichen Zeitmaß der Gefühle, z. B. dauert ein natürlicher Zornesausbruch nur wenige Minuten.
5. **Hochgefühle:** Das offene Herz sucht instinktiv nach guten Gefühlen. Nur falsche Gewohnheiten (Programme) bringen das Herz dazu, oft negativ zu fühlen. Das offene Herz sucht regelmäßig schöne Hochgefühle, um gesund zu bleiben.
6. **Empathie:** Das offene Herz fühlt mit. Je näher uns ein Mensch steht, desto intensiver nimmt das offene Herz Gefühlsschwankungen wahr.
7. **Gefühlsmacht:** Das offene Herz kann seine Kraft bündeln und bewusst ausstrahlen. Es hilft, Ziele zu erreichen.
8. **Gefühlsbotschaften:** Das offene Herz spürt die Gefahr rechtzeitig. Schon bei kleinen emotionalen »Vergehen« gibt es spürbare Zeichen: ein leichtes Druckgefühl oder Ziehen, ein keimendes Gefühl von Leere oder Schwere ...
9. **Gefühlskontrolle:** Das offene Herz kann sich bezähmen, indem es verzeiht oder sich umstimmt. Es riskiert keinen Konflikt, den es nicht gewinnen kann.
10. **Gefühlsfluss:** Das offene Herz folgt den natürlichen Gesetzen der biochemischen Bewegung. Es erregt sich nur, wenn die Lebensumstände wirklich eine Gefühlsaktivität verlangen (man regt sich z. B. oft über Dinge auf, die gar keine reale Bedrohung darstellen).

Gefühle verlangen eine Handlung

Jedes Gefühl verlangt eine Handlung von uns. Und auch: Erst wenn ein Gefühl ins Spiel kommt, sind wir bereit zu handeln.

Gefühle sind immer für den Ausdruck gemacht. Sie wollen aus unserem Inneren hinaus ins Leben. Sie wollen etwas bewirken und ausgetauscht werden.

Wir wollen instinktiv Freude mit anderen Menschen teilen: Der wunderbare Sonnenuntergang ist erst so richtig erfreulich, wenn man ihn mit jemandem gemeinsam erlebt und darüber sprechen kann.

Wenn wir verliebt sind, bereitet der Körper alles darauf vor, dem Liebespartner näher zu kommen, er bereitet Berührung, Austausch und Sexualität vor.

Wenn wir mitten auf der Straße stehen und ein Auto auf uns zurast, ermöglicht die spontane Panik eine schnelle Ausweichbewegung.

Wenn wir angegriffen werden und daraufhin mit Zorn reagieren, wird eine Verteidigungsaktion eingeleitet.

Die Tatsache, dass Gefühle Handlungen erfordern, hat eine wesentliche Bedeutung für unsere Gesundheit. Denn wenn wir nicht aus den momentanen Gefühlen heraus handeln, verbleiben alle Botenstoffe und auch die geballte frei werdende Energie in unserem Körper und richten sich so gegen uns selbst.

So können verletzte Gefühle uns wirklich verletzen und zu Erkrankungen führen. Der Zorn, den wir nicht ausdrücken, kann zum tödlichen Giftbecher werden, den wir oft über Monate hinweg Schluck für Schluck zu uns nehmen.

Jede Gefühlsaktivität schüttet Botenstoffe aus und stellt den Körper auf »Alarm – gleich ist etwas zu unternehmen«.

Unsere wunderbare Körpermaschine läuft also oft auf Hochtouren, ohne sich in Bewegung setzen zu dürfen.

Was ist der gesunde Weg?

Wenn ein Gefühl hochkommt, mit dem Sie nicht recht umzugehen wissen, stellen Sie sich zuallererst die Frage: Welche Handlung verlangt dieses Gefühl von mir?

Wie kann ich es ausdrücken?

Wenn Sie sich darüber klar geworden sind, dann handeln Sie beherzt.

Üben Sie beständig den Ausdruck Ihrer Gefühle. Versuchen Sie, Ihre Gefühle am ganzen Körper sichtbar werden zu lassen. Suchen Sie auch nach der passenden Stimmlage, denn – jede Stimmung hat auch ihre eigene Stimme. Suchen Sie nach den Wörtern, die Ihr Gefühl am besten beschreiben.

Folgen Sie Ihrem Herzen, so oft wie möglich. Dieser Weg führt Sie direkt zur Gesundheit.

Gefühle sind der Informationsträger Nr. 1

Denken Sie bitte kurz an einen Menschen, den Sie besonders gern haben. Dieser Mensch hat Ihnen gerade ein schönes Geschenk gemacht.

Nun stellen Sie sich vor, wie Sie den Satz »Das ist ja wunderbar!« in dieser Situation aussprechen. Probieren Sie es aus. Wiederholen Sie den Satz innerlich ein paar Mal, indem Sie immer wieder an den lieben Menschen und das Geschenk denken. Beobachten Sie genau Ihre Betonung, die Melodie und auch die Stimme, mit der Sie es sagen. Sie können es natürlich auch laut aussprechen und probieren.

Als nächstes stellen Sie sich bitte vor, jemand hat gerade Ihr Lieblingsobjekt – eine Vase, einen Kunstgegenstand, Ihre Lieblingstasse... – fallen lassen. Am harten Steinboden ist das gute Stück in Tausend Scherben zersprungen.

Sie sagen spontan, laut und nachdrücklich: »Das ist ja wunderbar!«

Probieren Sie es wieder ein paar Mal aus und untersuchen Sie erneut die Betonung, die Melodie, die Stimmlage.

Der Satz ist derselbe geblieben. Es sind dieselben Wörter. Doch die Botschaft ist eine völlig andere.

Sie können dieses Spiel auf jeden beliebigen Satz in jeder Situation Ihres Lebens übertragen. Gefühle sind immer im Spiel und übermitteln in Wahrheit die Information, um die es uns geht. Natürlich lässt sich auch das »überspielen«, indem man einfach eine sanfte Stimme anschlägt, obwohl man »stinksauer« ist. Aber auch für die Stimmlage, die Melodie und den Rhythmus unserer Sprache gilt: Folgen Sie der Wahrheit Ihres Gefühls. Sie dürfen ruhig einmal lauter werden oder mit dem Gefühlstext, der unter dem Worttext mitschwingt, einen Missmut ausdrücken. Ihre Biochemie wird es Ihnen danken.

Doch: Machen Sie es bewusst. Hören Sie sich einige Tage beim Reden zu und identifizieren Sie die vielen geheimen Botschaften, die Sie durch Ihren Ton, durch Betonungen übermitteln.

»Der Ton macht die Musik« und dieser Ton wird von Ihren Gefühlsinstrumenten erzeugt.

Negative Gefühle wollen uns schützen

Gerade bei negativen Gefühlen tendieren wir zu Passivität oder zur verspäteten Überreaktion – nach einigen Tagen, wenn wir längst schon »kochen« und dann »platzen«.

Doch gerade diese negativen Gefühle sind eigentlich unsere besten Beschützer. Sie sind nämlich ausschließlich zu unserem Schutz da.

Sie dienen dazu, uns schnell verteidigen zu können und zu wehren, unser oder das Leben unserer Nächsten zu erhalten. Unsere Gefühle kämpfen gegen jede Art der Unterdrückung oder Bevormundung. Sie wollen unsere Eigeninitiative und unsere Kreativität fördern.

Wenn es emotionale Probleme am Arbeitsplatz, mit Ihrem Partner, Ihren Kindern, bei Ihrem Hobby gibt, hören Sie auf diese Gefühle.

Nehmen Sie einen emotionalen Widerstand ernst, wenn er sich in Ihrem Inneren formiert. Da gibt es etwas in Ihrem Umfeld, das Ihre Kräfte mindert, das Sie herabwürdigt oder unterdrückt.

Im Berufsleben fordern Vorgesetzte immer wieder Leistung und Engagement von ihren Mitarbeitern.

Im Familienleben stellen Ehepartner häufig Forderungen aneinander oder an ihre Kinder. Dies jedoch meistens mit so viel Druck, dass alle Beteiligten die Köpfe einziehen und natürlich bei weitem weniger leisten, als sie eigentlich leisten könnten.

Kämpfen Sie um Ihr Recht und Ihren Wert. Gerade die Gefühle sind besorgt um Ihren Selbstwert und Ihre Stärke. Je eher Sie beginnen, Ihren Gefühlen zu vertrauen, desto schneller werden Sie Ihre ursprüngliche, Ihre ganze Kraft wiederfinden.

Ein Tipp, falls Sie häufig unter Ängsten leiden: Die Angst ist ein Gefühl, das entweder Flucht oder Kampf vorbereitet. Entweder verlassen Sie den Ort, die Situation, die Ihnen Angst einflößt, um sich einer neuen Aufgabe zuzuwenden, oder entscheiden sich endlich und bauen Ihre Kampfkraft auf.

Stellen Sie sich im Zweifelsfall vor: Was wäre, wenn mir ein idealer Ausgang gelingen würde? Was wäre, wenn ich meine Angst überwinden könnte? Wenn Sie bei einer solchen Vorstellung spüren, dass Ihr Herz höher schlägt, dann machen Sie sich auf den Weg und ringen Sie sich zur Wut, zum Zorn durch.

Manchmal ist es sogar notwendig, aktive Wut gegen sich selbst aufzubauen, um sich aus einer blockierenden Angst herauszuarbeiten.

Die Krankheit ist der Ersatzaufschrei unterdrückter Gefühle

Sie haben nun bereits viele Hintergründe und Aspekte des falschen und auch des richtigen Umgangs mit Gefühlen kennen gelernt. Nun nähern wir uns langsam den unmittelbaren Zusammenhängen zwischen Krankheiten und Gefühlen.

Lassen Sie uns 3 Hauptfaktoren zusammenfassen:

- Gefühle sind auf biochemischer Ebene Botenstoffe, die unseren Zellen sagen, was zu tun ist.
- Gefühle bauen Energie für Handlungen auf.
- Gefühle stellen große Energien her, die nach außen in unser Leben drängen.

Man kann den Zusammenhang zwischen Gefühlen und Krankheiten in einem Satz zusammenfassen:

Wenn Sie nicht schreien, schreit Ihr Körper!

Wobei »Schreien« als Symbol für jede Form des emotionalen Ausdrucks zu verstehen ist.

Der Körper vollzieht gewissermaßen einen Ersatzaufschrei. Er versucht, sich Gehör zu verschaffen und auf einen Mangel, eine Fehlhaltung, eine falsche Einstellung hinzuweisen. Hat man diesen Zusammenhang einmal begriffen und begonnen, sich damit auseinander zu setzen, wird jede Krankheit zu einer Chance für das Leben.

Die Krankheit ist eine Hilfe

Wenn wir eine Krankheit als Hinweis verstehen lernen, als ein sichtbares und deutbares Zeichen unseres Körpers, dass mit unseren Gefühlen, Handlungen und unserem Denken etwas nicht stimmt, dann zeigt uns die Krankheit den Weg zur Gesundheit. Bei genauer Betrachtung liefert sie sogar oft das Rezept mit, das uns am schnellsten heilen kann.

Bei schweren Krankheiten fällt es oft schwer, die richtige Deutung und den speziellen Kontext zum Leben des Betroffenen zu verstehen. Diese Lösungen sind nur in persönlichen Gesprächen und einer tiefen Form der Suche zu entschlüsseln. Deshalb empfehlen wir bei jeder schweren Erkrankung neben der ärztlichen auch eine psychotherapeutische Betreuung.

Die Auseinandersetzung mit den Gefühlen in Bezug auf die Erkrankung (Wut, Ohnmacht, Depression) bringt neue Perspektiven und kann helfen, neue Ziele zu entdecken oder die heilende Kraft von Hoffnung zu schüren.

Nehmen Sie Ihre Krankheit als Aufforderung wahr. Behandeln Sie Ihren Körper, als wäre er Ihr bester Lehrer. Die Selbstheilungskräfte des EPS-Netzwerks (Gefühl-Körper-Geist-Netzwerk) sind immer intakt, auch wenn sie sich in Form einer Krankheit zeigen. Suchen Sie die Sprache Ihrer Krankheit und beginnen Sie dann das Gespräch.

Eine praktische Übung, um die Botschaft Ihrer Krankheit zu hören:

Ziehen Sie sich zurück und legen Sie sich bequem hin. Achten Sie darauf, dass Ihnen nicht kalt wird und dass Sie nicht gestört werden können. Vielleicht legen Sie eine sanfte Instrumentalmusik auf, mit einem sehr langsamen Rhythmus.

Nun atmen Sie zuallererst tief durch und dabei doppelt so lange aus, wie Sie einatmen. Beruhigen Sie so Ihre Gedanken und Ihren inneren Rhythmus.

Nun wenden Sie langsam Ihre ganze Aufmerksamkeit dem erkrankten Körperteil oder Organ zu.

Stellen Sie sich die Frage: Welche Botschaft verbirgt sich im Kern meiner Krankheit? Was will mir meine Krankheit sagen?

So eigenartig es klingen mag: Stellen Sie die Frage nach der Botschaft direkt an Ihren Krankheitsherd: Was willst du mir mitteilen?

Nehmen Sie sich genügend Zeit für diese Übung. Beginnen Sie damit und geben Sie sich mindestens 15 Minuten dafür.

Bleiben Sie während der Übung durchgehend ruhig und drängen Sie nicht auf eine Antwort. Wiederholen Sie die Übung täglich in Ruhe und Muße.

Irgendwann werden vor Ihrem inneren Auge Bilder, Situationen und Gedanken auftauchen, die Ihnen zeigen, was Ihre Krankheit begünstigt hat.

Dort setzen Sie dann an und beginnen, Schritt für Schritt Ihre Einstellung und Ihr Verhalten zu ändern.

Ihre Krankheit wird Sie führen und lehren.

Krankheiten und Gefühle

**Gefühlskrankheiten sind in den industrialisierten Ländern häufig geworden.
Der GEFÜHLE-HEILEN-Ansatz unterstützt das allgemeine Wohlbefinden und den Heilungsprozess auf unserer ureigenen, persönlichen Ebene.**

Die 10 häufigsten Gefühlskrankheiten und der GEFÜHLE-HEILEN-Ansatz

Zahlreiche Werke und Studien renommierter Forscher und Mediziner haben als Quellen für dieses Buch gedient.

Die beschriebenen Krankheitsbilder stellen jene Gefühlskrankheiten dar, die in den industrialisierten Ländern am häufigsten vorkommen.

Sollten Sie nach den Hintergründen anderer Krankheiten suchen, finden Sie auf Seite 84 ff. eine Liste mit weiteren Beschwerden sowie im Anhang eine Reihe von weiterführender Literatur.

Dieses Buch beschäftigt sich vor allem mit den Gefühlsaspekten von Krankheiten. Andere Faktoren finden sich in den Büchern der Schulmedizin oder Psychosomaforschung.

Die hier angeführten Untersuchungen und Vorschläge erheben daher weder den Anspruch auf Vollständigkeit noch auf absolute Gültigkeit. Sie sollen vielmehr als Anregung dienen tiefer zu gehen, um durch die Beschäftigung mit der Gefühlsseite einer Krankheit deren Heilung zu beschleunigen.

! Manche Techniken der jeweiligen GEFÜHLE-HEILEN-Ansätze sind auch für andere Symptome anzuwenden oder unterstützen ganz allgemein das Wohlbefinden – sie sind mit einem roten Rufzeichen gekennzeichnet.

Da unser EPS-Netzwerk ein zusammenhängendes System darstellt, empfiehlt es sich, alle Kapitel zu lesen.

Bitte beachten Sie:

Jede Krankheit muss medizinisch abgeklärt werden. Die verordneten Medikamente müssen Sie einnehmen und Ihren Lebensstil Ihrer persönlichen Situation anpassen.

Sie sollten jedoch schon bei ersten Symptomen auch den Umgang mit Ihren Gefühlen überprüfen und die vorgeschlagenen Techniken einsetzen.

Helfen Sie Ihrer Gesundheit auf die Sprünge – Ihre Gefühle werden Ihnen helfen.

Herz-Kreislauf-Erkrankungen

Das Herz steht im Mittelpunkt unserer emotionalen Aktivität. Jede noch so kleine Gefühlsregung verändert sofort die Herzfrequenz und auch den Blutdruck. Allein die Erinnerung an gefühlsintensive Situationen oder auch die Vorstellung von zukünftigen Gefühlsereignissen hat eine verstärkte Herzaktivität zur Folge.

Unzählige Sprichwörter unterstreichen im übertragenen Sinn die Bedeutung des Herzens für unser Gefühlsleben: Das Herz hüpft vor Freude; das Herz fällt vor Schreck in die Hose; es zerspringt; – schlägt bis zum Hals; es liegt einem etwas auf dem Herzen; kaltherzig oder weichherzig sein; sein Herz verschenken; sein Herz verlieren; ein versteinertes Herz; engherzig sein; herzhaft lachen; u. v. m.

Wenn es also um Gefühle geht, so ist das Herz das erste Organ, das von einem fehlgeleiteten Gefühlshaushalt betroffen ist. Von den vielen Krankheitsformen des Herz-Kreislauf-Systems haben wir zwei herausgenommen, denn besonders Herzrhythmusstörungen und Bluthochdruck sind akute Hinweise darauf, dass ein »Umfühlen« notwendig wird.

Herzrhythmusstörungen

Info

Herzrhythmusstörungen sind Störungen der Herzschlagfolge.

Dazu gehören das Herzjagen bzw. Herzrasen und das Herzstolpern.

Das Herz schlägt gewissermaßen einen anderen Takt an als den gewöhnlichen. Jedes starke Gefühl beeinflusst den Herzrhythmus. Bei Wut z. B. ist der Herzrhythmus sehr hoch, also muss auch der Körperausdruck intensiv und energisch erfolgen.

Symptome

Herzjagen bzw. Herzrasen (Tachykardien) – ist eine plötzlich einsetzende und wieder verschwindende Herzaktivität mit einer Herzfrequenz von mehr als 140 Schlägen in der Minute. Dabei entsteht ein überängstliches Erregungs- und Spannungsgefühl.

Herzstolpern (Extrasystolen) – ist eine plötzlich auftretende Verzögerung des Herzschlages, die durch besonders kräftig einsetzende Herzschläge nach der Verzögerung wahrgenommen wird. Herzstolpern wird meist von der Angst begleitet, das Herz würde aufhören zu schlagen oder stehen bleiben.

Persönlichkeitsbild und Gefühlshaushalt

Als Zentrum der Gefühlswelt reagiert das Herz entsprechend intensiv auf die großen Primär-Emotionen: Freude, Schmerz, Liebe, Angst und Aggression. Wer seine Liebe nicht leben oder zeigen darf, wer Angst keinen Ausdruck zu geben weiß oder seinen Zorn verbirgt, leidet häufig an Herzrhythmusstörungen.

Für den Betroffenen steht die Kontrolle seiner Gefühle an erster Stelle. Manchmal findet sich in seiner Kindheit die Bestrafung durch Liebesentzug, besonders als Folge auf kindliche Zornesausbrüche oder Eigensinn. Er erlebt seine Gefühle als Schwäche und neigt dazu, die ursächliche Furcht vor Liebesentzug zu rationalisieren – er hat stets eine Begründung für sein Verhalten: Wer schreit, ist schwach. Wer Schwäche zeigt, ist kein Vorbild. Stark ist, wer seine Gefühle beherrscht.

Besonders in Situationen, die dringend einen emotionalen Ausdruck verlangen, reagiert das Herz mit Störungen, wenn dieser Gefühlsausdruck nicht erfolgt.

Sehr intensiv treten die Symptome dann auf, wenn das Zurückhalten des Gefühls kaum noch möglich ist und sich die Anspannung somit bis zum Unerträglichen steigert.

Alle Unregelmäßigkeiten im Herzschlag bedürfen unbedingt einer ärztlichen Abklärung – ein EKG ist notwendig!

Der GEFÜHLE-HEILEN-Ansatz

Werfen Sie Ihre alten und kränkenden Vorstellungen über Bord! Gerade starke Persönlichkeiten zeichnen sich durch zwei Qualitäten aus:

a) Sie sind persönlich und das bedeutet, sie zeigen alle Gefühle, die schönen und auch die hässlichen.

b) Sie sind jederzeit bereit, eine Schwäche oder einen Fehler einzugestehen.

Wohlgemerkt handelt es sich hierbei um wahrhaft starke, ausgeglichene Persönlichkeiten und nicht um solche, die ebenso verzweifelt versuchen, ihre Stärke vorzutäuschen.

Die GEFÜHLE-HEILEN-Fragen

Nehmen Sie bitte Papier und Stift zur Hand und beginnen Sie, folgende Fragen zu beantworten:

- Was hindert Sie daran, Ihrem Herzen zu folgen?
- Wie stehen Sie zu Gefühlen?
- Wie gehen Sie mit Gefühlen um?

Überdenken Sie Ihre Lebenssituation:

Folgen Sie Ihrem Herzensanliegen?

Erfüllen sich Ihre emotionalen Bedürfnisse?

! Lernen Sie, Ihre ursächlichen Gefühle wieder wahrzunehmen!

Erinnern Sie sich an Ihre Kindheit und daran, wie Ihre Eltern auf Ihre heftigen »negativen« Gefühle reagiert haben.

Stellen Sie sich weitere Fragen:

- Was sind meine wahren Gefühle?
- Was erwarte ich, wenn ich meine Gefühle zeige?
- Welche Bedrohung entsteht für mich, wenn ich meine wahren Gefühle zeige?
- Wie oft fürchte ich mich wirklich?
- Wen fürchte ich zu verlieren oder was?

! Üben Sie täglich, Ihre Gefühle mit dem ganzen Körper auszudrücken!

Natürlich sollten Sie damit vorsichtig beginnen. Sie müssen ja schließlich erst Erfahrungen sammeln. Platzen Sie nicht gleich mit allem heraus, was Sie bislang verborgen haben.

Suchen Sie regelmäßig einen stillen und möglichst ungestörten Ort auf, um dort laut zu üben. Sie müssen Ihren Körper, Ihr Denken und Ihre Stimme erst an neue Formulierungen gewöhnen. Versuchen Sie einmal zu schreien oder auch zu weinen. Wenn der nächste Kinofilm Sie rührt, dann erlauben Sie sich ein paar Tränen. Gestehen Sie einem vertrauten Freund, einem »Eingeweihten«, Ihre Schwächen und Ängste. Suchen Sie sich gezielt gute, ehrliche Gesprächspartner oder wenden Sie sich vertrauensvoll an einen Psychotherapeuten oder Coach.

Übertragen Sie Ihre ehrlichen Gefühle in den Alltag!

Wagen Sie einmal einen Konflikt. Setzen Sie sich beherzt für Ihre Anliegen ein.

Sie sind es wert gehört zu werden. Erweisen Sie sich und Ihren Gefühlen die Ehre wichtig zu sein und gewinnen Sie so Ihr Selbstvertrauen zurück.

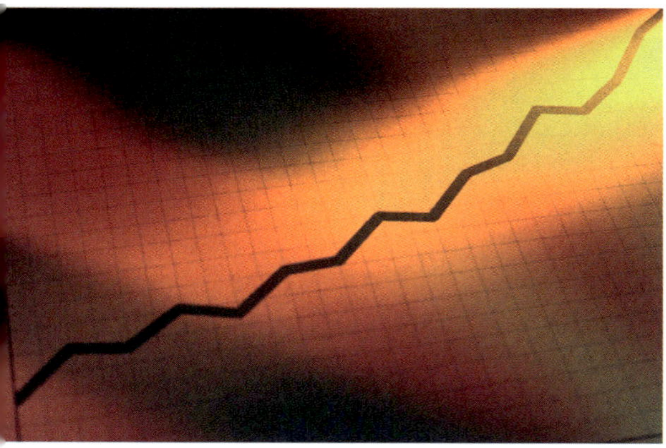

Bluthochdruck

Info

Unter Blutdruck versteht man den in den Arterien herrschenden Druck. Er ist abhängig von der Funktion des Herzens, vom Schlagvolumen, von der Elastizität der Gefäße und von ihrem Widerstand.

»Der Blutdruck ist der Ausdruck der Dynamik des Menschen. Er entsteht aus dem Wechselspiel zwischen dem Verhalten des flüssigen Blutes und dem Verhalten der grenzsetzenden Gefäßwände.«
(Dethlefsen)

Aus dem Schlag des Herzens ergeben sich 2 Blutdruckwerte:

1) der systolische Wert – beim Zusammenziehen des Herzmuskels

2) der diastolische Wert – bei der Erschlaffung des Herzmuskels

Von hohem Blutdruck (Hypertonie) spricht man, wenn die Blutdruckwerte von 140 mmHg systolisch und 90 mmHg diastolisch (sprich: 140 zu 90) überschritten werden.

Ergibt die ärztliche Untersuchung weder eine renale (nierenbedingte), endokrine (hormonell bedingte), kardiovaskuläre (Herz-Kreislauf-bedingte) oder neurogene (Hirnfunktion bedingte) Ursache, bezeichnet man den Bluthochdruck als »essentielle Hypertonie«.

80 % aller Hypertonien haben keine organischen Ursachen und sind somit als »essentiell« zu klassifizieren.

Die Hypertonie ist eine der häufigsten Krankheiten in den industrialisierten Ländern. Die Vererbung spielt bei der Hypertonie eine große Rolle. Jeder Bluthochdruck muss unbedingt ärztlich behandelt werden!

Symptome

Eine Blutdruckerhöhung kann über Jahre bestehen ohne erkannt zu werden und wird häufig zufällig anlässlich einer Durchuntersuchung festgestellt.

Wenn anfangs überhaupt über Beschwerden geklagt wird, sind sie uncharakteristisch: Schwindel, Benommenheit, verringerte geistige und körperliche Leistungsfähigkeit.

Der chronisch erhöhte Blutdruck wird zur Hochdruckkrankheit, der die Gefäße von Herz, Gehirn und Nieren schädigt. Treten Herzbeschwerden, Atemnot bei Belastungen oder hartnäckige, chronische oder akute, heftige Kopfschmerzen auf, weist dies unter Umständen bereits auf Gefäßschädigungen hin.

Persönlichkeitsbild und Gefühlshaushalt

In Zuständen der gespannten Erwartung, in Notfallsituationen oder in Phasen von Angst, Wut und Ärger steigt der Blutdruck an. Erhöhte Adrenalinausschüttung führt zu Pulsbeschleunigung und verstärkter Gefäß- bzw. Herzkontraktion.

In zahlreichen Experimenten mit Tieren ließ sich beweisen, dass lang währende emotionale Belastungen zu einer dauernden Blutdruckerhöhung führen – zu einem Dauerdruck.

Wenn durch die ständige Vorstellung einer Leistung oder in Phasen hoher emotionaler Aktivität der Blutdruck erhöht wird, ohne dass diese inneren Zustände jemals in motorische Aktivität übersetzt oder entladen werden, entsteht ein dauernder negativer Stress, der den Bluthochdruck begünstigt.

Hypertonie beginnt häufig während einer chronischen Erwartungsspannung.

Auslösende Situationen sind häufig Zeiten vermehrter und lang anhaltender Angst, Zeitnot, Stress, wachsame Anspannung. Daneben werden Situationen durchlebt, die eine feindlich aggressive Äußerung nahe legen, zu der es aber aus Hemmungen oder Skrupel nicht kommen darf.

Der Betroffene hält sich also ständig in Konfliktnähe auf, ohne eine Lösung herbeizuführen. Er fürchtet die Zuneigung der anderen zu verlieren und kontrolliert daher die Äußerungen seiner Feindseligkeit. Durch diese Einstellung gerät er in einen inneren und äußeren Konflikt. Alle eigenen Bedürfnisse werden zurückgestellt gegenüber dem Wunsch, durch Leistung von anderen Zuwendung zu erfahren.

Die GEFÜHLE-HEILEN-Fragen

Nehmen Sie bitte Papier und Stift zur Hand und beginnen Sie, folgende Fragen zu beantworten:

- Wovor haben Sie Angst?
- Wen oder was könnten Sie verlieren?
- Ist das wirklich wahr?
- Sind diese Menschen oder ist diese Sache wirklich wichtig für Sie?
- Ist Ihre Existenz bedroht?
- Falls Sie etwas erreichen wollen: Auf wann können Sie es verschieben?
- Was würde geschehen, wenn Sie es nicht schaffen würden?
- Ist das wahr?
- Warum können Sie sich Schwäche und Fehler nicht verzeihen?

Suchen Sie weitere Fragen und Antworten, die zu Ihrer konkreten Situation passen.

Danach lesen Sie Ihre Notizen in Ruhe durch und nehmen sich Zeit um darüber nachzudenken.

Der GEFÜHLE-HEILEN-Ansatz

Lassen Sie locker!

Gewöhnen Sie sich durch tägliche Wiederholung an »konkrete Entspannung«. Suchen Sie dazu einen ruhigen und vertrauten Ort auf. Legen Sie sich entspannt hin.

Achten Sie darauf, dass Ihre Wirbelsäule möglichst gerade ist, doch ohne Muskelanstrengung. Lenken Sie zuerst Ihre Aufmerksamkeit auf die Atmung. Atmen Sie lange aus (beim langen Ausatmen wird das Glückshormon Endorphin freigesetzt). Halten Sie nach dem Ausatmen eine kurze, bequeme Pause. Dann einatmen. Wiederholen Sie diesen Vorgang gut 7-mal.

Nun lenken Sie Ihre Aufmerksamkeit auf Ihr Herz. Fühlen Sie sanft in Ihr Herz hinein. Mit jedem Einatmen führen Sie Ihre Aufmerksamkeit zum Herzen und mit dem langen Ausatmen entlassen Sie alle unnötigen Spannungen aus Ihren Herzmuskeln.

Danach folgt wieder eine Phase mit kurzen Atempausen. Nehmen Sie ein Lächeln dazu und sagen Sie innerlich während jeder Pause: Mein Herz ist ganz ruhig (sprich: ruuuhhiich). Ich freue mich so.

Wiederholen Sie den letzten Ablauf gut 15-mal. In der ersten Woche sollten Sie die konkrete Entspannung 3- bis 4-mal pro Tag üben. Danach mindestens einmal täglich.

Führen Sie die Lösung Ihrer Probleme herbei oder geben Sie es auf!

Ein Sprichwort sagt: Liebe es, löse es oder lass es!

Was Ihre Lebenssituation braucht, ist vor allem eine Entscheidung. Fällen Sie diese Entscheidung, denn je länger Sie es hinauszögern, desto stärker gewöhnen Sie sich an den psycho-emotionalen Druck. Sie verbleiben dann auch aus »biochemischer Gewohnheit« in diesem anhaltenden Zustand der Spannung. Entscheiden Sie Ihre Sache oder hören Sie auf, daran festzuhalten.

Wirbelsäulenschäden

Erkrankungen des Stütz- und Bewegungsapparates sind äußerst schmerzhaft und sehr häufig.

Die Hauptgründe dafür liegen vorwiegend in der einseitigen statischen Überlastung und im Bewegungsmangel. Wie bereits erwähnt, werden Bewegungsdrang und Gefühlsausdruck mit Beginn der Schulzeit viele Stunden täglich auf ein Minimum reduziert. Doch ähnlich wie unser Gefühlshaushalt ist auch unser Stützapparat dafür geschaffen, dynamisch, lebendig und beweglich zu agieren.

Es erstaunt nicht, dass heute bereits mehr als die Hälfte der Grundschulkinder haltungsauffällig ist, Haltungsfehler bei Jugendlichen führen oft schon im Schulalter zu Schmerzen.

Unser Skelett ist nicht für Stühle und Tische geschaffen, es ist nicht für lang währendes Sitzen konzipiert. Die Belastung der Wirbelsäule beträgt beim Stehen 100 %. Beim Sitzen jedoch beträgt die Belastung über 160 %.

Zweifelsohne ist es schwierig, große Mengen von schulischem Wissen während eines Spazierganges oder eines Waldlaufes zu vermitteln. Doch es wäre längst an der Zeit, möglichst alle Wissensgebiete, die mit oder während eines Bewegungsablaufes gelehrt und gelernt werden können, auch »bewegend« zu vermitteln.

Lebendige Bewegung und lebendiges Fühlen gehen Hand in Hand. Der Stützapparat ist die Stütze für unseren Körper. Diese Stütze muss körperliche Stabilität und eine aufrechte Haltung gewährleisten. Die Wirbelsäule sollte zwar beweglich sein, doch vor allem auch Halt geben.

Wer sich keine starken Gefühle (Stärke) erlauben und nicht zu sich stehen darf, wer nicht aufrichtig ist, wer sich duckt und verbiegt – findet die entsprechenden Symptome an seiner Wirbelsäule.

Info

Die Wirbelsäule besteht aus einer Kette kleiner, walzenähnlicher Knochen, den Wirbeln.

Zwischen ihnen befinden sich Knorpelscheiben (Bandscheiben), die Stoßdämpferfunktion haben und Druck oder Stoß abpuffern.

Die menschliche Wirbelsäule ist aus 7 Halswirbeln, 12 Brustwirbeln, 5 Lendenwirbeln, dem Kreuzbein und dem Steißbein zusammengesetzt. Sie bildet die Zentralachse des Skeletts.

Ihre enorme Stabilität und zugleich ihre Beweglichkeit ermöglichen unseren aufrechten Stand und Gang ebenso wie tiefes Bücken.

Ferner geben die Wirbel dem durch sie verlaufenden, empfindlichen Rückenmark mit all seinen Nervenbahnen den notwendigen Schutz.

Die zentrale Stützfunktion für unseren Körper geht von der Wirbelsäule aus.

Bei Haltungsschäden – es gibt angeborene und erworbene – kommt es zu einer Verbiegung der Wirbelsäule durch Drehung der einzelnen Wirbelkörper und Versteifung in diesen Abschnitten.

Die entstehenden Krümmungen können verschiedene Formen haben, z. B. S-förmig oder seitlich wie bei der Skoliose.

Begünstigt durch Haltungsfehler, Gewebsalterung oder traumatische Einwirkung (Druck oder Stoß) kann es zum Bandscheibenvorfall kommen.

Dabei werden durch Druck die Knorpelscheiben zwischen den Wirbeln seitlich herausgequetscht und drücken auf Nerven. Dies löst arge Schmerzen aus. Besonders der Bereich der Lendenwirbelsäule ist dafür gefährdet.

Eine besondere Schutzfunktion kommt der Muskulatur zu. Sind die Muskeln stark, ist die Wirbelsäule gut geschützt. Ist die Muskulatur schwach, kommt es zu Problemen mit der Wirbelsäule.

Symptome

Wirbelsäulenschäden machen sich im Frühstadium oft nur durch unregelmäßig auftretende ziehende oder stechende Rückenschmerzen bemerkbar. Besonders unangenehm sind plötzlich einsetzende akute Schmerzen – im Volksmund als »Lumbago« bezeichnet. Dabei erlebt der Betroffene einen akuten, brennenden Schmerz, der so stark werden kann, dass vorübergehend eine völlige Bewegungshemmung eintritt.

Ein solcher Schmerz kann auch im Schulter- bzw. Halsbereich auftreten. Man spricht dann von einem Zervikalsyndrom oder im Volksmund vom schiefen Hals.

Persönlichkeitsbild und Gefühlshaushalt

Menschen mit Wirbelsäulenschäden wurden vielleicht in ihrer Kindheit dazu gezwungen, starke, für die Eltern negative, Gefühle zurückzuhalten. Es wurde verboten, aus Zorn zu schreien oder zu weinen. Solches Verhalten wurde mit Liebesentzug bestraft.

Das natürliche Aufbegehren des Kindes, das Abgrenzen, sich zur Wehr setzen oder um etwas zum eigenen Vorteil kämpfen, wurde im Keim erstickt.

Diese grundlegende Missachtung führt dann zum Gefühl von Minderwert: »Wie auch immer ich mich verhalte, ich bin nie gut genug.«

Im Laufe der Jahre haben Betroffene oft zusätzlich Schuldgefühle entwickelt. Sie haben das Gefühl, dass es schlecht ist, die eigenen Bedürfnisse zu erfüllen.

Sie können schwer zu sich stehen, schwer dem eigenen Willen folgen oder sich abgrenzen. Nein zu sagen, bedeutet oft eine unüberwindliche Hürde.

Sie leisten über die Maßen viel und dienen sich oft zu Grunde, um die alte Schuld wieder gutzumachen – um sie abzutragen. Sie mühen sich ab, um das ursprüngliche Minderwertigkeitsgefühl auszugleichen und Liebe zu erfahren. Doch Liebe ist auf diesem Weg nicht zu erlangen. Die selbst aufgebürdete Last wird regelmäßig zu schwer und sie brechen unter der eigenen Leistung zusammen. Ihre Aufrichtigkeit und ihr Rückgrat sind dann ebenso gebrochen.

Es besteht eine latente (unterschwellige) Furcht vor der eigenen Aggression, da bei jedem Aufkeimen des Zorns eine unbewusste Erinnerung an den Schmerz der Kindheit erwacht. Diesen Schmerz nochmals zu erleben, muss vermieden werden.

Oft versuchen Betroffene ein Leben lang, das brave Kind zu bleiben. Sie passen sich dominanten Vorgaben schnell an und suchen sich zu allem Überfluss auch noch entsprechend strafende und drohende Lebenspartner oder Vorgesetzte aus. Sie leben schließlich in einem System, dessen Bedingungen unüberwindbar scheinen und erleben die gleiche Ohnmacht wie in der Kindheit.

Die GEFÜHLE-HEILEN-Fragen

Nehmen Sie bitte Papier und Stift zur Hand und beginnen Sie, folgende Fragen zu beantworten:

- Wer oder was hat Ihre volle Größe und Stärke unterdrückt?
- Bürden Sie sich zu viel Last auf?
- Was in Ihrem Leben können Sie nicht tragen oder ertragen?
- Fürchten Sie sich davor, ein klares »Nein« auszusprechen?
- Vor wem buckeln Sie oder verbiegen Sie sich?
- Wer würde sich von Ihrer Aufrichtigkeit bedroht fühlen?
- Wie können Sie innere Stärke entwickeln?

Der GEFÜHLE-HEILEN-Ansatz Listen Sie Ihre wahren Bedürfnisse auf!

Es gibt viele Bedürfnisse, die Sie sich über lange Zeit hinweg nicht erlaubt haben, z. B. ausgehen, Freunde/Freundinnen treffen, Massage, allein sein und dergleichen.

Reihen Sie dann die Liste nach Prioritäten, also: Was ist besonders dringend?

Auch wenn viele Umstände es Ihnen scheinbar verbieten, sich in Bewegung zu setzen und Ihren Wünschen zu folgen, zwingen Sie sich dazu und tun Sie es einfach.

Schaffen Sie sich Freizonen!

In Ihrem Leben sollte es Orte und Zeiten geben, die frei sind von Forderungen anderer. Auch dafür gilt, bestehende Hindernisse mit Nachdruck aus dem Weg zu räumen. Suchen Sie Ihre Ruhezonen regelmäßig auf und nützen Sie die Zeit, um sich über Ihre Gefühle klar zu werden.

Fragen Sie sich: Wenn ich frei wäre zu tun, was ich für richtig halte – was würde ich dann tun? Der Punkt daran ist: Sie werden erst dann befreit sein vom Druck und der emotionalen Last, wenn Sie lernen, so zu handeln, als wären Sie bereits frei. Sagen Sie sich in den ruhigen Minuten immer wieder: Ich lasse alle Last von meinen Schultern fallen. Ich bin selbständig und stark.

Setzen Sie sich zur Wehr und sagen Sie »Nein!«

Beginnen Sie bei weniger wichtigen Dingen und stellen Sie dort Ihr »Nein« klar und beharrlich fest. Setzen Sie Ihre Position durch, auch wenn es manchmal nur der Übung dient. Wehren Sie sich gegen die Bevorzugung anderer und gegen die Herabwürdigung Ihrer Person. Fordern Sie Ihre Position, Anerkennung und Gerechtigkeit ein. Gewöhnen Sie sich Tag für Tag an den Kampf um Ihr eigenes Ich. Nur so werden Sie lernen, den alten Schmerz zu überwinden, und sich daran gewöhnen, starke Gefühle äußern zu dürfen.

Verspannungen

Verspannungen gehören in der Leistungsgesellschaft für nahezu alle Menschen (über 90 %) zum Alltag.

Verspannungen zeigen sich selten in Armen oder Beinen. Umso häufiger treten sie im Rückenbereich und am Oberkörper auf. Dies hat seinen einfachen Grund in der Schutzfunktion von Verspannungen: Jede Verspannung ist ein Versuch, einen Panzer aufzuziehen oder sinnbildlich auch die Stacheln aufzustellen, um etwas abzuwehren.

Da besonders die Muskelaktivität dem EPS-Netzwerk wichtige Informationen über das momentane Ausdrucksverhalten liefert (Feedback-Schleifen), ist der Einfluss von Verspannungen auf unser Gefühlsleben sehr stark.

Eine fortwährend angenehme Grundspannung signalisiert dem Gefühlssystem, dass alles in Ordnung ist. Die konsequente Verspannung des Schulter-Nacken-Bereichs hingegen liefert dem Netzwerk ununterbrochene Alarmbereitschaft durch angezeigte Gefahr – der »Panzer« ist aufgezogen, also: Vorbereitungen zum Kampf treffen. Diese Daueralarmierung des Systems belastet den Körper weit über das natürliche Maß hinaus (Ausschüttung von Cortisol, Adrenalin u. a. inneren Stressoren; erhöhte Nebennieren-, Herz- und Neuronenaktivität u. v. m.)

Allein das mehrstündige, vorgebeugte Sitzen an einem Schreibtisch signalisiert also dem EPS-Netzwerk ständig drohende Gefahr. Allerdings kommt es dabei nie zu einer motorischen Entladung. Die Stressmoleküle verbleiben im Körper und greifen ihn an.

Info

Jeder Muskel in unserem Körper weist je nach Lebenssituation eine natürliche Spannung (Tonus) auf. Der Muskelstrang ist elastisch und schnell beweglich. In diesem Zustand wird die Muskelkraft optimal genützt. Energie wird laufend auf- und auch abgebaut.

Fehlbelastungen der Muskeln führen hingegen zu Energieblockaden, Verhärtungen, Verkürzungen oder Verlängerungen der Muskelstränge.

Das energetische und biochemische Gleichgewicht ist verschoben.

Erfährt eine Muskelpartie über viele Jahre hinweg niemals den Zustand ihrer optimalen Funktionsweise, verhärten sich die Muskeln und verlieren im Laufe der Zeit die »Erinnerung« daran, wie die Bewegung funktioniert. Oft spiegelt dieser Prozess auch einen Kontrollverlust im emotionalen Erleben des Betroffenen wieder.

Symptome

Verspannungen machen sich durch ziehende Schmerzen und verhärtete Muskeln in den betroffenen Regionen bemerkbar.

Im Unterschied zu organischen Erkrankungen liegt gewöhnlich eine wechselnde Lokalisation vor, wobei Entzündungszeichen fehlen. Die am häufigsten betroffenen Regionen sind die Schulter-Nacken-Gegend und der Rücken-Becken-Bereich.

Verspannungen können entweder als Folge eines Wirbelsäulenschadens oder einer Fehlhaltung auftauchen, stellen aber andererseits oft die Ursache für eben jene Krankheiten dar. Besonders Kopfschmerzen, die über den Nacken bis in die Stirn reichen, sind oft auf Verspannungen zurückzuführen (siehe auch Kapitel Kopfschmerzen, Migräne ab Seite 56).

Verspannungen sind wie kaum ein anderes körperliches Symptom mit nahezu allen Krankheitsbildern verbunden. Was wiederum durch ihre Schutzfunktion verständlich wird: Wenn ich krank bin, bin ich schwach und verwundbar, also muss der »Schutzpanzer« aufgezogen werden.

Persönlichkeitsbild und Gefühlshaushalt

Der Konflikt von Betroffenen besteht oft in Zweifeln und Widersprüchen. Sie wollen sich hingeben und trotzdem standfest bleiben. Sie wollen sich aufopfern und bleiben doch egoistisch.

Auf Sanftmut folgt Aggression. Gefühle wie Angst und Schmerz sind weniger verdrängt und doch wird die Dauerbereitschaft für dynamisches Handeln selten in die Realität umgesetzt.

In der Kindheit mangelte es eventuell an Anerkennung. Standen kalte Ablehnung oder Beurteilung vor Liebe und Zuwendung? Um diesen Mangel auszugleichen, haben Betroffene verschiedene Anpassungssysteme entwickelt, um Nähe und Vertrauen herzustellen. Sie haben früh damit begonnen, fremde Vorgaben anstelle der eigenen zu erfüllen.

Ein anderer Aspekt in der Kindheit ist das wiederholte Erleben bedrohlicher Situationen. Zusammenkauern, Verstecken und »Kopf einziehen« sind natürliche Reaktionen, die spätere Gewöhnungseffekte an Verspannungen vorbereiten.

Die Dominanz der Erwachsenen hat das Kind gebeugt und die »Muskelmauern« verursacht, hinter denen das Kind Zuflucht gesucht hat.

Akute Verspannungssymptome treten besonders in Lebenssituationen auf, die einen energischen Gefühlsausdruck verlangen würden. Alte Verbote und unbewusste Regeln halten jedoch den Ausdruck zurück, die Muskeln dürfen nicht funktionieren, werden angespannt und verbleiben dann in dieser Spannung. Auf dieser Basis werden zahlreiche Alltagssituationen zu körperlich schmerzhaften Ereignissen.

Für die beiden häufigsten Formen der Verspannung lassen sich einfache Faustregeln aufstellen:

a) Verspannungen im Nacken-Schulter-Bereich weisen auf eine direkt erlebte Bedrohung hin. Aus Furcht vor Schlägen wird der Kopf geduckt und der Nackenpanzer aufgezogen.

b) Verspannungen im Rücken-Beckenbereich halten die Kräfte des Zorns zurück. Eine aggressive Äußerung ist auf Grund erwarteter Rückschläge zu bedrohlich (vergleiche auch: Bandscheibenvorfälle Seite 49 ff.).

Der GEFÜHLE-HEILEN-Ansatz

! Packen Sie die Verspannung an der Wurzel!

Sollte es sich um eine typische chronische Alltagsverspannung handeln, so werden Sie wahrscheinlich oft den Beginn der falschen Spannung übersehen. In einem solchen Fall kann es Ihnen helfen, die betroffene Körperstelle durch einen Gegenschmerz zu sensibilisieren.

Die GEFÜHLE-HEILEN-Fragen

Nehmen Sie bitte Papier und Stift zur Hand und beginnen Sie, folgende Fragen zu beantworten:

- Existiert in Ihrem unmittelbaren Lebensumfeld eine reale Bedrohung?

  Analysieren Sie die Bedrohung!
- Ist das wirklich wahr? (Ergründen Sie beim Thema Wahrheit immer Ihre wahren Gefühle.)
- Wie können Sie diese Bedrohung loswerden?
- Ist die Verspannung ein Automatismus?
- Worin besteht der regelmäßige Auslöser?
- Was müsste geschehen, um sich von dem, was im Nacken sitzt oder im Becken hockt, zu befreien?
- Was hindert Sie daran, es in die Tat umzusetzen?
- Ist das wahr?
- Warum haben Sie noch nie versucht sich zu wehren?
- Sind Sie sicher, dass der Ort, an dem Sie sich in Ihrem Leben aufhalten, der richtige für Sie ist?

Lokalisieren Sie das Zentrum der Verspannung. Nun pressen Sie mit Daumen und/oder Zeigefinger so lange auf den »wunden Punkt«, bis der Schmerz ganz deutlich und konzentriert wird. Wiederholen Sie jeden Morgen den Druck auf genau dieselbe Stelle, sodass im Laufe des Tages ein Wahrnehmungseffekt eintritt.

Kopfschmerzen, Migräne

Der Kopf beherbergt das Denken. Er ist unsere Verarbeitungs- und Steuerzentrale. Er verfügt über eine mächtige Fähigkeit: die Selbststeuerung.

Alle Informationen, die wir rund um die Uhr wahrnehmen, erreichen durch molekulare und neuronale Botenstoffe unser Gehirn. Das Gehirn nimmt auf, vernetzt, teilt oder ergänzt und schickt die Information zurück in die Welt: Wir handeln und sprechen, wie unser Kopf es befiehlt und erlaubt.

Bedenklich wird es dann, wenn wir auch so fühlen!

Jede, noch so kleine, Gefühlsregung wird in Sekundenbruchteilen zum Gehirn übermittelt. Gefühlsbotenstoffe sind die wichtigsten Vermittler zwischen Körper und Geist.

Wenn nun unser Gehirn die Botschaften der Gefühle oder Triebe einfach »überhört« und konsequent dem Willen unterordnet, kann dieser Gewaltakt zu Schmerzen im Kopf führen.

Das altbekannte Sprichwort, wonach man sich bei Kopfschmerzen zu sehr den Kopf zerbricht, beschreibt also nur die halbe Wahrheit. Die vollere Wahrheit ist:

Bei Kopfschmerzen zerbricht der Kopf das »Herz«.

Info

90 % aller Kopfschmerzen haben keine organische Ursache. Dies gilt sowohl für Spannungskopfschmerzen als auch für Migräneanfälle.

Der Kopf ist reich versorgt mit Blutgefäßen, gefäßbegleitenden, sympathischen Nervengeflechten und schmerzleitenden Fasern. Auf Grund der besonderen Schmerzempfindlichkeit dieser Gefäße reagiert der Kopf von allen Organen am schnellsten mit Schmerz.

Bei Spannungskopfschmerzen, die in vielen Fällen von Verspannungen im Kopfansatz-, Nacken- und Schulterbereich herrühren, treten Gefäßverengungen in Teilbereichen des Gehirns auf. Diese Regionen reagieren dann mit Schmerz.

Symptome

Der Spannungskopfschmerz ist ein langsam beginnender, diffuser Kopfschmerz. Er wird als drückend, stechend, »brummend«

oder pochend wahrgenommen. Er kann sich über Stunden, Tage oder auch Wochen hinziehen und tritt gehäuft unter Stress oder in außerordentlichen Belastungssituationen auf.

Migräne tritt vorwiegend anfallsartig in Erscheinung. Sie ist häufig halbseitig und oft mit Sehstörungen, Lichtempfindlichkeit, Überempfindlichkeit der Sinnesorgane, Erbrechen und Durchfall verbunden. Dieser oft mehrere Stunden dauernde Anfall ist eingebettet in eine reizbare und depressive Stimmung. Es besteht das starke Bedürfnis, sich in einen geschützten, dunklen und vertrauten Raum zurückzuziehen.

Es gibt viele Hinweise auf diverse von außen kommende Auslöser: Wetterwechsel, Diäten, Lärmeinflüsse, Allergien, Schokolade bis hin zu Hühnereiweiß u. a.

Frauen sind von Migräneanfällen deutlich häufiger betroffen als Männer. Oft tritt die Migräne auch im Rahmen eines prämenstruellen Spannungssyndroms auf.

Persönlichkeitsbild und Gefühlshaushalt

Menschliches Handeln hängt von zwei Schlüsselqualifikationen ab: Denken und Fühlen.

Die letzten Jahrzehnte haben unser Handeln weitestgehend unter die Gesetze des Verstandes gestellt. Unzählige Regeln und Strukturen regieren unser tägliches Leben. Es herrscht eine Überbetonung des Denkens und Wollens.

Der Schmerz des Kopfes zeigt oft, dass unser Denken fehlgeleitet ist, dass wir es falsch einsetzen oder bedenklich einseitig handeln.

Der Kopf leidet ganz allgemein unter dem Druck des Müssens und Sollens.

Wir fordern von uns selbst ununterbrochen Leistungen und das Erfüllen gesellschaftlicher Normen und Regeln. Wir sind über die Maßen pflichtbewusst, verfolgen nutzbringende Ziele und handeln nach strengen Richtlinien.

Unser »Herz« aber hat natürliche Grundbedürfnisse, die unter all den Vorgaben oft zu kurz kommen: Es will Zeit für Gefühle – Harmonie, Ausgelassenheit, Nähe und Muße.

Spannungskopfschmerzen beruhen oft auf Leistungskonflikten, auf übergroßen Ansprüchen an das geistige Vermögen oder Riesenerwartungen auf Erfolg und Anerkennung. Betroffene jagen ihren eigenen Vorstellungen von Perfektion hinterher und gönnen sich keine Entspannung.

Menschen, die unter starker Migräne leiden, übergehen oft Zustände von Zorn oder Angst mit starken gedanklichen Konzepten. Sie sind am »Explodieren«, halten ihren Zustand aber aus schlechtem Gewissen aufrecht. Sie unterdrücken oft ihre aggressive Lebenslust (!).

Kopfschmerzen verhindern ganz allgemein, dass der Betroffene geistig auf der Höhe ist. Das Denken ist durch den Schmerz eingeschränkt. So wird die bei Migränepatienten oft überdurchschnittliche Intelligenz bezähmt, das Denken und Grübeln werden verhindert.

Um es in einem Begriff zu fassen, legen chronische Kopfschmerzen vor allem eine Handlung nahe: Umdenken.

Die GEFÜHLE-HEILEN-Fragen

Nehmen Sie bitte Papier und Stift zur Hand und beginnen Sie, folgende Fragen zu beantworten:

- Welche Gefühle in Ihrem Inneren sehnen sich nach Zuwendung und Betreuung durch Ihre Gedanken?
- Denken Sie zu viel, um nicht fühlen und nicht handeln zu müssen?
- Unterdrücken Sie Ihre Lebenslust?
- Wen oder was gefährdet Ihre Lebenslust?
- Was würden Sie sich erfüllen, wenn das Verbot Ihrer Gedanken fallen würde?
- Wie würden Sie handeln, wenn Sie frei wären?
- Steht Ihr Denken im Dienst Ihres Glücks?

Der GEFÜHLE-HEILEN-Ansatz

Leben Sie sinnlich und lustvoll!

Regen Sie Ihre Sinne an und auf. Sehen, hören, riechen, schmecken und tasten Sie Schönes, Intensives, Neues, Aufregendes.

Widmen Sie sich Ihrer Lebenslust und – auch Ihrer Lust.

Erfüllen Sie sich geheime Sehnsüchte. In Ihrem Schoß schlummert die Urenergie der Gefühle. Es ist eine schöpferische und mächtige Kraft. Beginnen Sie kreativ zu sein.

Malen oder schreiben Sie und scheuen Sie keine »wilden Phantasien«. Kanalisieren Sie Ihre Lebenskraft in etwas Schöpferisches. Versuchen Sie nach besten Kräften ungehemmt zu leben, gerade wenn es Ihnen unvorstellbar erscheint.

Wonach Ihr Kopf sich am meisten sehnt, ist, endlich einmal denken und sich vorstellen zu dürfen, was Sie sich so angestrengt verbieten.

Es sind die unerfüllten Bilder und Phantasien, nach denen Ihr Kopf schreit!

Magenerkrankungen

Der Magen ist ein außerordentlich faszinierendes Gefühlsorgan. Er verkörpert zwei grundlegend verschiedene emotionale Aspekte unseres Lebens: Es ist aufnahmefähig und zugleich aggressiv.

Durch diese beiden diametral unterschiedlichen Prozesse ist der Magen das Sinnbild schlechthin für die Fähigkeit, das Leben zu empfangen und es zu verarbeiten.

Alle Nahrung gelangt in unseren Magen. Dort wird sie durch Magensäure zerlegt und dem Körper gefügig gemacht. Die rohe, gekochte, harte oder weiche Kost wird zu einem Brei, der dann in den Darm zur weiteren Verdauung geleitet wird. Während dieser Vorgänge werden die lebenserhaltenden Nährstoffe aus der Nahrung gezogen und in den Körper verteilt.

Wenn wir nun etwas schlucken müssen, das uns nicht schmeckt, reagiert der Magen ebenso gereizt wie unser Gefühl. Es fällt ihm schwer, das Ungewollte zu verarbeiten. Er will und kann es nicht akzeptieren.

Instinktiv beginnt der Magen zu bekämpfen, was er nicht mag, und produziert größere Mengen des aggressiven Saftes: Er will das Unerwünschte schnell wieder loswerden oder am besten zurückschicken.

Hält sich der betroffene Mensch langfristig in einer Lebenssituation auf, die er im Grunde nicht akzeptieren kann, so braucht er zum Schutz eine permanente aggressive Abwehrhaltung. Diese Grundaggression geht einher mit der konstanten Übersäuerung des Magens.

Info

Die Krankheitsbilder des Magens sind von relativ harmlos bis äußerst gefährlich einzustufen. Da sich zumeist in Folge einer harmlosen eine gefährliche Form entwickelt, sollte bereits bei ersten Anzeichen (siehe Symptome) eine Änderung des Verhaltens und der Lebensumstände erfolgen und eine ärztliche Behandlung angestrebt werden.

Als Reizmagen bezeichnet man funktionelle Störungen des Magens ohne organischen Befund. Es treten Tonus- (Spannungs-) und Hypermotilitätsstörungen (Steigerung der Magenbewegung) sowie Abweichungen der Säureproduktion auf. Zumeist liegt eine zeitweise Erhöhung des Säurespiegels vor.

Bei Gastritis entzünden sich die Schleimhäute des Magens (Magenschleimhautentzündung). Wenn zu viel Magensaft produziert wird, kommt es zur Schädigung durch Salzsäure und Pepsin. Die Entzündung dringt teilweise bis in die Muskulatur der Magenwand ein.

In weiterer Folge kommt es zur Geschwürbildung, oft aufgrund einer bakteriellen Infektion. Die Diagnose stellt der Arzt.

Das Magengeschwür ist kein Geschwür – im eigentlichen Sinn von Wucherungen, sondern bezeichnet eine einsetzende Perforation der Magenwand. Der Säurespiegel ist permanent erhöht und wirkt dadurch um vieles aggressiver. Auch die Pepsinsekretion steigt deutlich an und die Magenschleimhaut ist geschädigt. Es kommt zu einer Art »Selbstverdauung« des Magens.

Symptome

Magenbeschwerden beginnen meist harmlos mit vorübergehenden, leicht ziehenden, dumpfen Schmerzen. Es tritt beim Essen schnell ein Druck- oder Völlegefühl auf.

Manchmal herrschen Appetitlosigkeit oder Unverträglichkeit gewisser Speisen (Rohkost, Fett, Alkohol, Koffein oder auch Nikotin). Heftiges Sodbrennen und Übelkeit weisen bereits auf Fortschritte des Krankheitsbildes hin.

Der weitere Symptomverlauf ist meist chronisch. Es treten immer wieder starke Schmerzen und Begleiterscheinungen (z. B. Erbrechen) auch bei nüchternem Magen auf. Die Schmerzen werden als bohrend, schneidend oder stechend beschrieben und finden sich oft zwischen dem Nabel und der Mitte des ersten Rippenbogens. Typisch sind Beschwerden etwa zwei Stunden nach den Mahlzeiten (Magengeschwür).

Persönlichkeitsbild und Gefühlshaushalt

Bei Magenbeschwerden besteht eine enge Beziehung zum Gefühlshaushalt des Betroffenen. Konflikthafte Erlebnisse oder andauernde körperlich psychische Belastungen schlagen auf den Magen.

Der Magen wird zu einer Art Schauplatz des Gefühlskrieges – zwischen eigenen Bedürfnissen, den Anforderungen der Umwelt und dem unverarbeiteten Zorn gegenüber der Ohnmacht sich zu befreien.

Die innere Haltung des Magens ist auf Zuwendung und Verwöhnung eingerichtet. Er will damit gefüttert werden. Wird dieses Bedürfnis fortdauernd übergangen, ohne dass der Betroffene sich seine Enttäuschung und seinen Zorn eingesteht, kommt es zu (Magen-) Verstimmungen.

Das Urbedürfnis des Menschen ist es, genügend Liebe und Geborgenheit zu erfahren. Natürlich betrifft dieser Hintergrund zu gewissen Teilen alle Krankheitsbilder.

Da jedoch Liebe, Zuneigung und Nähe zu Beginn unseres Lebens (an der Mutterbrust gestillt werden) ganz ursächlich durch den Magen gehen, besteht ein unmittelbarer Zusammenhang zur Geborgenheit und zum Verwöhnt-werden. Auch viele Gewichtsprobleme (siehe Seite 67 ff.) haben damit zu tun, den Liebeshunger durch Essen zu stillen.

Unter den Betroffenen finden sich, ähnlich wie bei den Grundaspekten des Magens, zwei völlig verschiedene Persönlichkeitstypen:

a) Der regressive Typ zeigt ungehemmt und oft übertrieben sein starkes Bedürfnis nach Zuwendung, bleibt dabei aber abwartend und passiv. Er will bekommen, nicht geben. Er will aufnehmen, will mehr und mehr Liebe einsaugen. Dadurch gerät er oft in Abhängigkeiten und wird von seinen Partnern als anstrengend, vorwurfsvoll und fordernd erlebt.

b) Der aggressive Typ ist zuweilen hyperaktiv, leistungsorientiert und ehrgeizig. Er kompensiert (gleicht aus) sein eigentliches Bedürfnis nach Nähe durch ein ständiges Vortäuschen von Unabhängigkeit und Stärke. Er glaubt, niemanden zu brauchen und nur stark zu sein, durch seine innere Einsamkeit. Er nimmt eine permanent aggressive Grundhaltung ein (Magensäure) und zeigt enorme Kontrolltendenzen. Partner oder Kollegen fühlen sich oft beobachtet oder unterschwellig bedroht, ohne diese Bedrohung jedoch genau orten zu können.

Der Magen ist auch der physische Ort des Urteilsvermögens. Er muss darüber entscheiden, welche Nahrung für uns gesund oder gefährlich ist. Wer in seiner Kindheit stark be- und verurteilt wurde und dieses Verhalten schließlich in seine eigenen Beziehungssysteme übernommen hat, »spritzt« – durch sein kritisches Verhalten – »immer wieder Gift«. Die Magensäure ist dann die physische Entsprechung dieses Giftes.

Der GEFÜHLE-HEILEN-Ansatz

Ziehen Sie eine Grenze zwischen sich und Ihrer Umwelt!

Das Bedürfnis aufzunehmen öffnet Ihre Sinne immer wieder für Einflüsse von außen. Das ist grundsätzlich gut, doch sollten Sie alle Einflüsse einer kritischen Beobachtung unterziehen.

Zerkauen Sie erst einmal alles gründlich, bevor Sie es schlucken. Finden Sie heraus, was Ihnen gut tut und was Ihnen schadet. Verschonen Sie sich mit negativen Einflüssen. Nicht alles ist Ihr Thema.

Ziehen Sie eine Grenze zwischen Ihrem Ich und der Welt dort draußen. Schützen Sie Ihren Innenraum. Entziehen Sie allem, was Ihnen nicht bekommt, die Aufmerksamkeit. Sie können andere Menschen nicht ändern durch eine permanent aggressive oder fordernde Grundhaltung. Sie können sie nur durch Ihr positives Handeln anstecken!

Machen Sie sich verletzbar!

Suchen Sie einen Vertrauensmenschen auf und sprechen Sie ausführlich über Ihre wahren Bedürfnisse, Ihre Schwächen, Ihre Ohnmacht.

Der Vorgang des Aussprechens ist ein körperlicher Ausdrucksprozess auf verbaler Ebene. Durch die entsprechende Schwingung der Stimme und Rhythmik der Sprache wird die Vibration Ihrer Gefühlsmoleküle und Rezeptoren angeregt und verändert.

Die GEFÜHLE-HEILEN-Fragen

Nehmen Sie bitte Papier und Stift zur Hand und beginnen Sie, folgende Fragen zu beantworten:

- Sind Sie gezwungen, etwas gegen Ihren Willen aufzunehmen?
- Was zwingt Sie dazu?
- Sind Sie schnell gereizt und zum Kampf bereit?
- Handelt es sich dabei um ein gewohntes Schutzsystem?
- Was ist Ihr Urbedürfnis und wodurch könnten Sie es wirklich befriedigen?
- Wurden Sie in Ihrer Kindheit oft kritisiert?
- Verurteilen Sie andere schnell?
- Welche Situation in Ihrem Leben wollen Sie nicht analysieren?
- Könnte es sein, dass Sie schon längst diese Situation verlassen müssten?

Versuchen Sie, alle wahren Gefühle möglichst genau zu benennen. Je besser Sie den Kern Ihrer Kränkungen treffen, desto stärker »spülen« Sie giftige Substanzen auf der übertragenen Ebene aus dem Körper heraus.

Wandeln Sie Ihre Aggression in Verzeihen!

Verzeihen ist eine aktive, geistige und emotionale Handlung. Es ist ein optimaler Selbstschutz, weil es zu positiveren Gefühlen für andere Menschen führt.

Um zu verzeihen, müssen Sie hinter die Oberfläche eines Menschen blicken. Lernen Sie zu verstehen, dass jede negative Handlung eine einstmalige Kränkung oder Verletzung zur Ursache hat.

Sehen Sie nicht so sehr Dummheit, Selbstsucht oder Machtgier an anderen, sondern die dahinter liegende Schwäche und – üben Sie Mitleid. Verzeihen Sie anderen ihre Fehler – wenigstens zum Schutz Ihrer eigenen Gesundheit.

Die Welt wächst nur, so schnell sie kann und darf. Jede einseitige Forcierung hemmt oder verlangsamt natürliche Entwicklungsprozesse, da sie andere, ergänzende Kräfte unterdrückt.

Jede Aggression baut aggressive Zustände in Ihrem Magen und Ihrem gesamten EPS-Netzwerk auf. So schlägt Ihre Aggression zugleich auch immer gegen Sie selbst aus.

Darmprobleme

Wir finden den Darm, seine Funktionen und sein »Produkt« in zahlreichen Schimpfwörtern und Redewendungen:

Wenn jemand Angst hat, so hat er Schiss oder die Hosen voll; wir fluchen »Scheiße!«, wenn ein Zorn endlich sichtbar wird.

Allein aus diesen so häufig zitierten Redewendungen geht hervor, dass die Funktionsweise des Darms etwas mit Angst, Aggression und Macht zu tun haben muss oder – mit deren Unterdrückung.

Auffällig ist, dass über die Funktionsweise des Darms und seines Produktes einerseits verschämt geschwiegen und andererseits plötzlich lauthals und drastisch damit durch die Gegend geworfen wird.

Der Darm steht auf physischer Ebene im Zentrum emotionaler Machtspiele.

Info

Der Darm ist ein weiterer Ort der Verdauung. Im Darm wird die Nahrung mit Verdauungssäften durchmischt, zersetzt und verflüssigt, damit die Nährstoffe durch die Darmwand ins Blut gelangen können. Unverdauliche Stoffe werden als Kot ausgeschieden.

Im Dünndarm findet die eigentliche Verdauung statt. Die Nahrung wird durch Aufspaltung in ihre Einzelbestandteile zerlegt (Analyse und Assimilation).

Das dem Dünndarmbereich zugehörige Symptom ist der Durchfall.

Im Dickdarm ist die Verdauung bereits beendet. Dem Rest der Nahrung wird nun noch das verbliebene Wasser entzogen. Das dem Dickdarm zugehörige Symptom ist die Verstopfung.

Beim Durchfall (Diarrhö) liegt eine überaktive Darmbewegung (Hyperperistaltik) vor. Dem Nahrungsbrei wird im Dünndarm nicht mehr ausreichend Wasser entzogen und durch zusätzliche Schleimabsonderung kommt es zur weiteren Verdünnung. So wird die Dünn- und Dickdarmpassage der Nahrung über die Maßen beschleunigt. Der Körper verliert den weitgehend unverdauten Nahrungsbrei sowie große Mengen an Wasser.

Bei der Verstopfung kommt es zu einer verzögerten und erschwerten Darmentleerung. Die Ursache ist eine verminderte Darmperistaltik, ausgelöst durch motorische oder funktionelle Störungen. Zusätzlich sind Verspannungen der inneren Beckenboden- und Sphinktermuskeln wie auch vegetativ gesteuerte Darmabschnitte beteiligt. Durch die verlangsamte Darmperistaltik bleibt der zur Ausscheidung vorgesehene Kot zu lange im Dickdarm liegen, wodurch zu viel Wasser entzogen wird. Der Kot ist dann klein, hart und trocken.

Symptome

Die unmittelbaren Symptome von Durchfall und Verstopfung sind allgemein bekannt und müssen nicht weiter erläutert werden. Treten sie über lange Zeiträume hinweg vereinzelt auf, so besteht kein direkter Anlass zur Besorgnis. Als Hinweis für Fehlhaltungen des Gefühlslebens liefern sie aber in jedem Fall wertvolle Hinweise.

Neben Persönlichkeits- und Gefühlsaspekten können organische Erkrankungen oder Begleitumstände als Auslöser fungieren: Viruserkrankungen, bakterielle Infektionen, Entzündungen, Medikamenteneinnahme, Analfissuren oder Hämorrhoiden.

Falsche Ernährung oder zu wenig Bewegung sind besonders bei Darmproblemen ebenso mögliche Auslöser.

Neben den bekannten Symptomen finden sich eine Reihe von begleitenden Allgemeinbeschwerden. Häufig wird über Kopfschmerzen, Erschöpfung oder Konzentrationsschwächen geklagt.

Ziehende Bauchschmerzen treten bei Durchfall, Völlegefühl und Übelkeit oft bei Verstopfung auf. Depressive Grundstimmungen können den Krankheitsverlauf begleiten, aber auch auslösen.

Bei der Verstopfung bestehen oft falsche Vorstellungen über eine drohende Vergiftung durch die im Körper verbliebenen Ausscheidungsprodukte. Aus der Phantasie einer ungenügenden Darmreinigung neigen Betroffene dann zu Missbrauch von Abführmitteln.

Durchfall und Verstopfung sind äußerst sensible Erkrankungen, über die man nicht spricht. Ihnen haftet das aus der Leistungsgesellschaft verbannte Unreine an. Sie sind äußerst intim – zieht man sich ja auch zur Ausscheidung an einen intimen und verschlossenen Ort zurück – und haben insgesamt mit gut behüteten Gefühlsgeheimnissen zu tun.

Persönlichkeitsbild und Gefühlshaushalt

Der emotionale Aspekt des Darms dreht sich um das Machtgefühl. Schon beim Kleinkind kann das Machtspiel mit dem Kot beginnen. Wird das Kind zu früh oder zu heftig zur Ausscheidung auf den Topf (das Reinwerden) gedrängt, verweigert es sich und behält sein kostbares Produkt für sich.

Es demonstriert seine Macht. Übermäßiges Drängen der Eltern kann bereits so in der frühen Kindheit den Grundstein für spätere Darmprobleme legen.

Insgesamt begegnen wir Darmproblemen bei Erwachsenen oft in Zusammenhängen mit dem Kampf um Macht, dem Zustand von Ohmacht oder der Angst davor, (der Macht eines Höhergestellten) nicht zu genügen – also Angst vor dem Verlust von Macht.

Dazu gesellen sich Ängste vor Liebesentzug, verhaltene, unterschwellige Aggressionen oder Resignation sowie der Anspruch an die eigene Perfektion.

Von häufigem Durchfall betroffene Menschen streben nach Anerkennung und Leistung. Dabei besteht jedoch ein latentes Bewusstsein über die eigene Schwäche und der Furcht vor Überforderung.

Sie leiden unter Versagensängsten. Sie leben in ohnmächtigen Abhängigkeitsverhältnissen zu mächtigen Objekten (z. B. Geld, Reichtum) oder zu Menschen (z. B. dominante Persönlichkeiten). Sie empfinden ein starkes Bedürfnis zu schenken und etwas wieder gutzumachen.

Ängste vor dem Verlust des Arbeitsplatzes, schulischem Versagen oder Trennungen, also Angst auf sich selbst gestellt zu sein, fungieren oft als Auslöser.

Bei Verstopfung kann der Mensch nichts mehr hergeben. Er wurde zu oft enttäuscht.

Verstopfung zeigt sich bei depressiven, scheinbar ruhigen Menschen. Im Inneren herrschen große Spannungen, zwischen Geben und Nehmen, zwischen Hingabe und Für-sich-behalten. Sie sind tendenziell kontaktgehemmt, eher schwach und gutmütig und neigen dazu »das letzte Hemd« herzugeben. Damit haben sie jedoch schlechte Erfahrungen gemacht und gleichen dies durch Zurückhalten aus: »Mir gibt nie einer etwas, also gebe ich jetzt auch nichts mehr.« Da dieses Bedürfnis jedoch nicht gelebt werden darf, zeigt es sich in Form von Verstopfung.

Frauen neigen weitaus mehr zur Verstopfung als Männer. Das liegt grundsätzlich an der Opferbereitschaft vieler Frauen. Ihre soziale Rolle als Ehefrau und Mutter führt zunächst zur Aufopferung, bald aber fühlen sie sich in dieser Rolle ausgenutzt und machen innerlich zu. Zumeist kommt es dann auch zum Blockieren der Sexualität.

Am liebsten würden sie den angesammelten Hass herauslassen, fürchten aber die bösen Folgen. Sie haben Angst davor, für die eigene Wut bestraft zu werden.

Der GEFÜHLE-HEILEN-Ansatz

Seien Sie Ihre eigene Herrin und Meisterin! Bzw. – Seien Sie Ihr eigener Herr und Meister!

So lange wir Anerkennung und Lob von anderen Menschen anstreben, bleiben wir Sklaven und ohnmächtig. Allein dadurch können wir nie zu unserer ganzen Kraft vordringen und erhalten demnach auch nie die ersehnte Zustimmung.

Sagen Sie sich jeden Morgen gut 5-mal innig und intensiv den Satz vor: Ich bin mein eigener Herr! Ich bin mein Meister!

Werden Sie sich Ihrer eigentlichen Kraft bewusst. Auch Ihr Partner oder Vorgesetzter braucht Sie und ist auf gewisse Weise abhängig von Ihnen.

Das befürchtete Böse – wenn Sie Ihre Macht endlich durchsetzen würden – kann gar nicht so schlimm ausfallen. Das halten Sie schon aus. Sollte eine Bedrohung jedoch mit physischer Gewalt einhergehen, dann verlassen Sie den Schauplatz so schnell wie möglich.

Die GEFÜHLE-HEILEN-Fragen

Nehmen Sie bitte Papier und Stift zur Hand und beginnen Sie, folgende Fragen zu beantworten:

- Wen oder was haben Sie zu verlieren?
- Ist Ihre Furcht berechtigt?
- Was würden Sie aus Ihrem Leben machen, wenn Sie sich und anderen nichts beweisen müssten?
- Folgen Sie Ihren eigenen Regeln?
- Warum nicht?
- Ist Ihre Aufopferung wirklich Ihre Pflicht?
- Erkennen Sie sich selbst an?
- Haben Sie Furcht vor Ihrer eigenen Macht?

! Lösen Sie Ihre Angst!

Zum Lösen von Angst bieten sich drei Wege an:

a) Betrachten Sie das Problem aus einer anderen Perspektive. Wir leben weder im Krieg noch in Hungersnot. Zahlreiche Möglichkeiten zur Aus- und Weiterbildung stehen zur Verfügung. Es gibt erschwingliche Therapiegruppen und Beratungsstellen. Halten Sie sich die schönen Seiten in Ihrem Leben eindringlich vor Augen.

b) Durch Meditation üben Sie täglich einen Zustand der Geborgenheit, Ausgeglichenheit und Zufriedenheit. Das hat eine enorm positive Auswirkung auf Ihre Gefühlsmoleküle und die Rezeptoren. In jeder Buchhandlung finden sich zahlreiche Bücher mit genauen Anleitungen zur Meditation. Blättern Sie einfach darin, lesen Sie quer – Sie finden sicher eine Methode, die Ihnen gefällt und sich in Ihrem Tagesplan unterbringen lässt.

c) Geben Sie sich selbst Schutz und Geborgenheit. Hocken Sie sich auf Ihr Bett, ziehen Sie Ihren Körper zusammen und umarmen, bergen Sie sich. Verwenden Sie auch Ihre Kuscheldecke dafür. Schaffen Sie eine geborgene Atmosphäre mit beruhigender Musik, guten Gerüchen und schönen Anblicken (z. B. Kerzenlicht). Zeigen Sie Ihren Sinnen und Ihrem EPS-Netzwerk, dass Sie beschützt sind und sich nicht zu fürchten brauchen. Da jeder Eindruck von außen auf chemischer Ebene Reaktionen hervorruft, führen solche Handlungen zu positiven Gewöhnungseffekten.

Pfeifen Sie drauf! Lassen Sie es laufen!

Lernen Sie, manchmal nicht perfekt zu sein. Auch Sie dürfen sich einmal einen Fehler leisten.

Ein Sprichwort sagt: Es gibt keine Schönheit ohne Fehler. Die Natur strebt nicht nach Perfektion, weil sie in ständigem Wachstum begriffen ist. Perfektion aber ist das Ende des Wachstums. Und wachsen können wir nur durch Fehler, da erst ein Fehler uns aufzeigt, was fehlt.

Also: Lassen Sie die Dinge einfach einmal laufen. Verzeihen Sie, aber: Pfeifen Sie mal drauf.

Übergewicht

Ob es sich beim Thema Übergewicht tatsächlich um eine Krankheit handelt, bleibt eigentlich den Vorgaben durch die Schönheitsideale einer Gesellschaftsform überlassen. Übergewicht ist Anschauungssache. In anderen Epochen galten deutliche Rundungen als besonders schön, erotisch oder auch als Zeichen für Wohlstand. Siddharta Gautama, der Buddha und Religionsstifter des Buddhismus, wird beispielsweise immer mit großem Kugelbauch dargestellt, was die Ausdehnung seines Sonnengeflechts – des Nerven- und Energiezentrums unter dem ersten Rippenbogen – zeigen soll.

Ein anderer Aspekt des Bauches und der weichen Rundungen ist die Assoziation mit dem Mütterlichen, das für Güte und Geborgenheit steht.

Das herrschende Schönheitsideal unserer Leistungsgesellschaft jedoch schlägt in eine ganz andere Richtung aus: Wer von uns hatte noch nicht das Thema mit dem zu großen Bauch, Popo oder anderen Körperteilen, an denen sich Fettzellen gerne ausbreiten?

Der moderne Mensch der Gegenwart ist jung, schlank und durchtrainiert – ganz im Sinne des enormen Leistungsdrucks also.

Es sind nicht die unmittelbaren gesundheitsgefährdenden Aspekte des Übergewichts, die das Thema für uns bedeutend machen, sondern der emotionale Aspekt:

Übergewicht hat, seinem innersten Wesen nach, vor allem mit Gefühlen zu tun – es ist der Hunger nach dem Leben selbst, der durch Nahrung gestillt werden soll.

Info

Von Übergewicht spricht man, wenn das Normalgewicht um rund 10 % überschritten wird.

Dabei kommt es zu einer deutlichen Vermehrung und Bildung von Fettgewebe. Bestimmte Körperregionen sind zumeist stärker betroffen als andere (Bauch, Hüften, Arme, Oberschenkel).

Wird das Normalgewicht um mehr als 15 % überschritten, spricht man von beginnender Fettsucht (Adipositas). Unabhängig von Schönheitsidealen bergen Übergewicht und vor allem Fettsucht die Gefahr von Folgeerkrankungen: Diabetes; erhöhte Blutfettwerte und dadurch Herz-Kreislauf-Erkrankungen wie Bluthochdruck; Gefäßverkalkung (Arteriosklerose) vor allem der Herzkranzgefäße und dadurch erhöhtes Herzinfarktrisiko; Hirnarteriosklerose und dadurch erhöhtes Schlaganfallrisiko.

Von exogener Fettsucht spricht man, wenn Übergewicht als Folge von Überfütterung – z. B. durch die Eltern – entsteht.

Als endogene Fettsucht bezeichnet man die eigene übermäßige Nahrungsaufnahme.

Durch die übersteigerte Nahrungsaufnahme kommt es zu einer Ausdehnung des Magens, der dann immer größere Mengen an Nahrung aufnehmen kann. Daher beginnen zahlreiche Diäten immer mit relativen »Nulltagen«, in denen möglichst wenig Nahrung aufgenommen wird, um ein Schrumpfen des Magens einzuleiten.

Die meisten Diäten bieten jedoch nur kurzfristig Hilfestellung, da die eigentliche Ursache der übersteigerten Nahrungsaufnahme nicht behoben wird.

Es kommt regelmäßig zum so genannten »Jojo-Effekt« – man hat wenige Wochen nach der Diät plötzlich mehr Gewicht als vorher.

Symptome

Die Symptome des Übergewichts sind hinlänglich bekannt. Viele Menschen der Leistungsgesellschaft kennen genaue Darstellungen der Vermehrung von Fettgewebe durch den morgendlichen Blick in den Spiegel. Oder sie kennen ihren Kampf dagegen.

Fettsucht wird von Betroffenen oft als quälend wahrgenommen. Sie empfinden zusätzlich Scham und Abscheu gegen ihr Sucht- und Abhängigkeitsverhalten.

Mit der Fettsucht gehen andere Symptome einher: Mattigkeit, Antriebslosigkeit, soziale Isolation, Einsamkeit und Depression.

Der Körper wird als Last empfunden, Schuldgefühle und Scham prägen den Alltag.

Da fettsüchtige Menschen tatsächlich von der Droge Essen abhängig sind, gehen sie auch selten zum Arzt, um ihre Sucht behandeln zu lassen.

Das übermäßige Essen übernimmt eine so essenzielle Ersatzfunktion, dass es oft einen viel zu großen Verlust bedeuten würde, es zu ändern.

Natürlich löst das niemals das eigentliche Problem oder kann den ursächlichen Wunsch befriedigen.

Persönlichkeitsbild und Gefühlshaushalt

Allgemeine Verstimmungen, Langeweile, Ärger, Angst vor dem Alleinsein und Leeregefühle können Anlass zu triebhaftem Essen werden.

Essen hat die Bedeutung einer Ersatzbefriedigung. Es wird zum Symbol von Liebe und Geborgenheit, die ich mir selbst zuführen kann. Gerade dieser Aspekt – sich selbst etwas geben – ist von Bedeutung: Die Ersatznahrung ist oft weich, süß oder wird mit den Fingern zum Mund geführt (vergleiche auch Fast Food).

Manchen Betroffenen wurde von Kindheit an bei Schmerzen, Krankheit oder Verlusten Süßigkeiten als Trost angeboten. Dies hat frühzeitig zu einem Gewöhnungseffekt geführt.

Andere Auslöser sind harte und frustrierende Lebenssituationen innerhalb einer Familie: Das Essen hat dadurch für Eltern und Kinder eine ausgleichende Funktion. Fettleibigkeit ist dann ein Problem der ganzen Familie.

Unter den Betroffenen finden sich häufig antriebs- und kontaktgehemmte Menschen. Zwar können sie nach außen hin als lustig und fröhlich erscheinen, doch in ihrem Inneren tragen sie eine so genannte larvierte (maskierte) Depression mit sich herum. Starke Stimmungsschwankungen treten besonders in Phasen des Alleinseins auf.

Es gibt eine Reihe nie geäußerter Vorwürfe bei Übergewicht:

Ich werde euch das niemals verzeihen. Echte Liebe habe ich niemals bekommen, jetzt kann ich auf eure Unterstützung verzichten. Als ich euch brauchte, habt ihr mir nicht geholfen. Ich lasse euch nicht an mich heran.

Aus all diesen Sätzen spricht das übergroße Bedürfnis nach echter, uneigennütziger Liebe und der starken Kränkung durch den Liebesentzug. Diese Liebe wurde nie zu Genüge erfahren.

Der Liebeshunger soll nun durch die Nahrungsaufnahme gestillt werden und das große »Gefühlsloch« stopfen.

Die dem Kind entgegengebrachte Liebe bildet den Grundstock für das weitere Selbstvertrauen und das Vertrauen zum Leben. Entwickelt sich anstelle des Selbstvertrauens ein Misstrauen, bleibt die Lust am Leben verwehrt, denn das Leben darf nie gekostet werden: Die Gefahr der wiederholten Ablehnung ist zu groß.

Die GEFÜHLE-HEILEN-Fragen

Nehmen Sie bitte Papier und Stift zur Hand und beginnen Sie, folgende Fragen zu beantworten:

- Haben Sie in Ihrer Kindheit genug Nestwärme und Liebe erfahren?
- Wo könnten Sie diese Liebe nachholen?
- Suchen Sie genügend oft die Gesellschaft von Menschen mit dem gleichen Problem?
- Was würde Ihnen – außer dem Essen – noch Lust am Leben bereiten?
- Wie könnten Sie Ihre Sehnsucht noch stillen?

Der GEFÜHLE-HEILEN-Ansatz

! Lieben Sie Ihre Fettpölsterchen!

Machen Sie sich einen der oben genannten Vorschläge zunutze und betrachten Sie z. B. Ihre Fettpölsterchen einmal unter dem Aspekt von Schönheit und Erotik. Sie brauchen bestimmt nur noch einige Jahre zu warten, dann wird das gegenwärtige Schönheitsideal umschlagen und dann – sind endlich die Dicken dran. Spätestens dann haben Sie die Nase (und den Bauch) vorn.

Aber bis es so weit ist: Finden Sie Gefallen an Ihren Rundungen. Sie sind schön und erotisch.

Man muss das nur zu schätzen wissen, und – es finden sich sogar viele Menschen, die etwas stärker gebaute Partner suchen.

Schämen sollen sich die anderen!

Schlecht ist nur, wer schlecht denkt – sagt ein Sprichwort. Wenn andere so verblendet sind, Ihre Schönheit nicht zu erkennen, weil sie selbst verzweifelt dem Schönheitsideal hinterher jagen, dann sind sie selber schuld.

Wenn jemand schlecht über Sie denkt, so hat derjenige offensichtlich ein Problem und kommt mit seinem eigenen Übergewicht nicht klar.

Aber das betrifft nicht Sie!

Treten Sie selbstbewusst auf und vor allem: Verbringen Sie täglich genug Zeit vor dem Spiegel, um sich ausführlich zu bewundern und zu berühren.

Kosten Sie das Leben und die Lebensfreude!

Springen Sie ins Leben hinein. Gehen Sie aus, gehen Sie einmal wieder tanzen und genießen Sie das Leben. Suchen Sie sich noch andere lustvolle Betätigungen: Kunst, Sport (auch Sport kann lustvoll sein), Reisen etc.

Öffnen Sie all Ihre Sinne. Nehmen Sie jeden Tag so viel Neues auf wie möglich. Greifen Sie voll ins Leben und gehen Sie aufs Ganze. Die große Kraft in Ihnen wartet nur darauf, endlich ins Leben zu strömen.

Schwächung des Immunsystems

Das Immunsystem ist unser Abwehrsystem – ein Wunderwerk feinster Präzision, in dem Millionen von mikroskopisch kleinen Funktionsträgern in einem genial organisierten Team zusammenarbeiten.

Mit jedem Atemzug, mit jedem Bissen Nahrung nehmen wir fremde und oft gefährliche Mikroorganismen auf.

Millionen von Zellen und Molekülen in unserem Inneren sind rund um die Uhr damit beschäftigt, uns vor Krankheiten zu schützen.

Unsere Haut wird ständig von Bakterien, Viren und Pilzen belagert. Auch im Körper selbst entstehen immer wieder schädliche Zellen, sogar Krebszellen. All diese Gefahrenquellen werden von einem gesunden Abwehrsystem oft in Sekundenbruchteilen vernichtet.

Das Immunsystem unterscheidet sich von den bisher behandelten Krankheitsbildern, da es auf außerordentliche Weise im ganzen Körper tätig und somit mit nahezu allen Organen verbunden ist.

Dem Immunsystem kommt im Zusammenhang mit dem Gefühlshaushalt eine zentrale Bedeutung zu. Einerseits verbraucht das Abwehrsystem bei Krankheit große Mengen Energie.

Andererseits ist es geradezu abhängig von der jeweils herrschenden Gefühlslage, da ja, wie eingangs erläutert, die Gefühlsbotenstoffe den Zellen sagen, was sie zu produzieren haben: Zellen produzieren vor allem die für das Abwehrverhalten so wichtigen Antikörper.

Abwehren hat immer etwas mit Grenzen setzen zu tun. Es geht darum, etwas einzulassen oder es zu blockieren, etwas zu bekämpfen oder es zu lieben. Besonders beim Abwehrsystem finden sich wieder die beiden großen Pole unseres Gefühlslebens: Angst und Liebe.

Info

Die Funktionsweise des Immunsystems beruht darauf, dass gesunde und körpereigene Zellen von fremden und gefährlichen Zellen unterschieden werden.

Spezielle Zellen (Fresszellen, T-Zellen und B-Zellen) sind mit Rezeptoren für entsprechende Krankheitserreger (Antigene) ausgestattet. Dadurch werden »Feinde« erkannt und vernichtet.

Die wichtigsten Abwehrwaffen des Immunsystems sind so genannte Antikörper. Auf ihrer Reise durch den Körper erkennen die Antikörper feindliche Antigene, verbinden sich mit ihnen und vernichten sie. Man nennt dies die Antigen-Antikörper-Reaktion.

Die Funktionsträger des Abwehrsystems werden von verschiedenen Organen und Zellen gebildet.

- Haut, Schleimhaut und Darmbakterien bilden die erste Verteidigungslinie des Immunsystems.
- Das Knochenmark ist die Produktionsstätte aller Abwehrzellen (weiße Blutkörperchen).
- In Thymusdrüse, Milz, Mandeln und einigen Darmabschnitten werden die Abwehrzellen für ihre unterschiedlichen Aufgaben vorbereitet.
- Die Lymphknoten sind als eine Art Kontrollposten überall im Körper verteilt.

Die Hauptarbeit der Abwehr erledigen die weißen Blutkörperchen oder Leukozyten.

Sie schwimmen in unterschiedlichen Zellformationen im Blut, in der Lymphflüssigkeit und zwischen den Körperzellen. Sie suchen rund um die Uhr nach Eindringlingen und unterstützen so die Arbeit der Antikörper.

Symptome

Die Erscheinungsformen eines schwachen Immunsystems sind sehr unterschiedlich und können immer auch von anderen Ursachen ausgelöst werden.

Wer selten krank ist oder sich rundum wohl fühlt, hat das Glück, über ein starkes Abwehrsystem zu verfügen. Auch ein Schnupfen, der bald ohne großes Zutun überstanden ist oder hohes Fieber bei Infektionen, sind Beweise für eine äußerst intakte Abwehr.

Erste Anzeichen für eine Schwächung des Immunsystems sind Erschöpfungsgefühle, schwermütige Stimmungen und Antriebslosigkeit.

Ausgeprägte Symptome sind:

- Pilzbefall,
- Herpes,
- häufige Erkältungen,
- Blasenentzündungen,
- Hautprobleme,
- Allergien.

Neben den bereits erwähnten auslösenden Faktoren gibt es noch eine Reihe weiterer Gründe für die Minderung der Abwehrkräfte:

Medikamente, Umweltgifte, falsche Ernährung, Drogen, Entzündungen, Durchblutungsstörungen, Schlafstörungen und natürlich Stress.

Persönlichkeitsbild und Gefühlshaushalt

Der emotionale Hintergrund einer Schwächung des Immunsystems sind negative Gefühle unterschiedlichster Art.

Die Gefühlsmoleküle von Angst, Trauer, Sorgen, Minderwert oder Zorn bereiten den Körper auf übertriebenes Abwehrverhalten vor.

Die andere Seite der Medaille ist, dass übermäßige Ausschüttung von negativen Gefühlsmolekülen die Rezeptoren blockiert und die Zellen beschäftigt, sodass weder

Zeit noch Raum bleiben, um positiven Gefühlen eine Chance zu geben.

In der Kindheit findet sich bei Betroffenen oft die Überbetonung gesellschaftlicher Normen.

Kinder müssen, oft gegen ihren Willen, den Regeln der Außenwelt folgen.

Um sich dagegen zu wehren, bauen sie psychische Abwehrmechanismen auf. Das daraus resultierende aggressiv abwehrende Verhalten von Kindern, führt dann zumeist bei den Eltern zu noch stärkeren Gegenreaktionen und Bestrafungen.

Das Gegenteil von Abwehr ist Aufnahmefähigkeit, also auch Liebesfähigkeit. Wer liebt, akzeptiert und nimmt das geliebte Objekt auf bzw. lässt es emotional in sich ein.

Liebesfähigkeit und alle anderen intensiven positiven Gefühle, die mit Liebe verbunden sind, bieten demnach den besten Schutz für das Immunsystem.

Die GEFÜHLE-HEILEN-Fragen

Nehmen Sie bitte Papier und Stift zur Hand und beginnen Sie, folgende Fragen zu beantworten:

- Welche »alten Wunden« haben Ihre Aggression geschürt?
- Warum durfte der Zorn nicht nach außen dringen?
- Was mussten Sie über die Maßen abwehren?
- Welche Lebensbereiche meiden Sie?
- Auf welche emotionalen Konflikte deutet Ihr geschwächtes Immunsystem hin?
- Warum halten Sie an negativen Gefühlen fest?
- Wie können Sie Ihre Liebesfähigkeit steigern?

Der GEFÜHLE-HEILEN-Ansatz

Abgesehen von zusätzlichen emotionalen Ausdrucksformen birgt jede aerobe Ultralight-Sportart beste Hilfsmittel zur Stärkung der Abwehr. Die bei extrem leichtem Laufen, Radfahren oder Schwimmen nach 5 – 7 Minuten freigesetzten Endorphine sind die stärksten Glücksmoleküle. Sie schützen die Zellen vor fremden Eindringlingen und heben augenblicklich das Glücksgefühl.

Also: 3- bis 4-mal pro Woche rund 20 Minuten Ultralight-Laufen und die nächste Grippewelle wird voraussichtlich spurlos an Ihnen vorüberziehen!

! Programmieren Sie Ihre Rezeptoren auf Freude!

Die folgende Technik eignet sich ideal dafür, Ihre Gefühle nachhaltig auf Freude oder Glück einzustellen. Da man die Rezeptoren auf den Zellmembranen an erwünschte Gefühle gewöhnen kann, braucht es dazu regelmäßige Wiederholung.

Jeder Gefühlszustand besteht aus verschiedenen Komponenten. Da der Körper die Zusammensetzung von Freude kennt, kann man diese Komponenten selber erzeugen.

Probieren Sie das Freudetraining gleich aus:

a) Erinnern Sie sich an ein Ereignis voll Freude. Nützen Sie in der Erinnerung Ihre Sinne: Was haben Sie in diesem Zustand von Freude gesehen, gehört, gerochen, geschmeckt und ertastet? Lassen Sie die gute Erinnerung nun weiter mitschwingen.

b) Ein Mensch in Ihrem Leben löst bestimmt immer wieder Freude in Ihnen aus. Stellen Sie sich ganz genau seine lachenden Augen und eine Situation der Nähe vor. Lassen Sie auch dieses Bild weiter mitschwingen.

c) Ein Ort in Ihrem Leben gibt Ihnen Geborgenheit und ein gutes Gefühl. Stellen Sie sich vor, Sie sind jetzt an diesem Ort. Es kann auch ein Strand am Meer aus einer Urlaubserinnerung sein.

d) Lächeln Sie nun drauflos. Setzen Sie einfach so ein Lächeln auf Ihr Gesicht, um Augen- und Mundwinkel. Behalten Sie das Lächeln bei.

e) Stehen Sie nun auf und suchen Sie die Gangart Ihrer Freude und auch die Schulter- und Nackenstellung. Ihre ganze Körperbewegung sollte aus Freude heraus agieren. Merken Sie sich jedes Detail Ihrer freudvollen Bewegung.

f) Nun finden Sie noch einen Satz, der Ihre Freude festhält: z. B. »Ich bin voll Freude und Glück!« Wiederholen Sie diesen Satz innerlich gut 7-mal. Noch besser ist es, wenn Sie den Satz laut und deutlich aussprechen.

g) Wiederholen Sie alle Komponenten Ihrer Freude. Merken Sie sich jedes Detail Ihrer Freude, so dass Sie jederzeit in den Zustand zurückkehren können.

Das war's. Versuchen Sie so oft wie möglich Freude zu üben. Gewöhnen Sie Ihre Rezeptoren daran und heben Sie so Ihr Gefühlsbarometer.

Depression

Mit der Depression schließt sich der Bogen jener Gefühlskrankheiten, die wir einer genaueren Betrachtung unterzogen haben. Die Depression steht dabei aus gutem Grund an letzter Stelle: Sie ist ein Sammelbegriff für Symptome, die alle in diesem Buch bereits dargestellten Anzeichen einer Erkrankung umfassen.

Herz-Kreislauf-Erkrankungen, Rücken- und Kopfschmerzen, Verspannungen, Magen-Darm-Erkrankungen, Übergewicht, Schlafstörungen, Stress sowie die Schwächung des Immunsystems können Ursache, aber auch Folgeerscheinung von Depressionen sein.

Das Wort Depression stammt vom lateinischen Begriff deprimere ab, was so viel bedeutet wie: niederdrücken oder auch tief in die Erde drücken.

Da Depression viele mögliche Symptome und Auslöser hat, umfasst auch ihr emotionaler Aspekt viele Seiten unseres Gefühlslebens und darin – die stärksten Gefühle eines Menschen.

Nicht alle Gefühle sind bei jedem Menschen gleich stark veranlagt.

Wer jedoch sein stärkstes Gefühl, seine größte Sehnsucht und damit auch seine größte Stärke untergräbt – sie also unter vielen Schichten aus Erziehung, Regeln und Pflichten begräbt –, erleidet eine Depression.

Info

Bei der Depression gibt es kein einheitliches medizinisches Erscheinungsbild. Ihre Wirkungsweise im Körper betrifft sowohl das neuronale, endokrine als auch biochemische System. Alle inneren Organe, aber auch Muskulatur, Haut und Haare können in Mitleidenschaft gezogen sein.

Depression durchzieht somit das gesamte EPS-Netzwerk und lässt sich am besten mit der völligen Verstopfung der »positiven« Rezeptoren veranschaulichen.

Natürlich ist dieser Umstand nur ein Teilaspekt, vermutlich aber der wichtigste. Durch jahrelange Gewöhnung und ständige Wiederholung einer erdrückenden Lebenssituation sind nur mehr verhältnismäßig wenige Rezeptoren für Glücksstoffe vorhanden. Es fällt den kurzfristig auftauchenden positiven Gefühlsmolekülen schwer, eine Tür ins Zellinnere zu finden und damit einen Umschwung zu bewirken.

Die moderne psychiatrische Medizin unterscheidet eine ganze Reihe von Depressionsformen. Es lassen sich jedoch drei Hauptversionen beschreiben:

1) Die endogene Depression kommt zur Gänze aus dem Inneren eines Menschen und hat nichts mit momentanen Lebensumständen zu tun. Sie hat sich über Jahre hinweg aufgebaut, findet ihre Wurzeln in der Kindheit und kann bis zu völliger Apathie führen.

   Die endogene Depression zeigt sich in zwei Formen: Depressionsanfälle mit symptomfreien Phasen zwischen den Anfällen und eine zweigesichtige Form mit manischen und depressiven Phasen.

2) Die larvierte (maskierte) Depression zeigt sich ausschließlich als körperliche Erkrankung.

   Sie ist demnach schwer zu erkennen. Sie kann die Ursache von allen in diesem Buch beschriebenen Krankheitsbildern sein. Sie liegt gewissermaßen unter einem körperlichen Symptom.

3) Die reaktive Depression ist eine Reaktion auf äußere Umstände oder Erkrankungen. Eben deshalb, weil der Konflikt oder die bedrohliche Situation vorherrscht, fällt der Betroffene in eine Depression. Auch Verluste von Menschen oder wichtigen Lebensumständen (Arbeitsplatz, Wohnung etc.) können dafür Auslöser sein. Sie ist die leichteste Form der Depression, die auch wieder schnell vorübergehen kann.

Symptome

Die Basissymptome von depressiven Verstimmungen sind Müdigkeit, Teilnahmslosigkeit, Lähmungsgefühle und Antriebslosigkeit. Traurigkeit und Schuldgefühle gehören ebenso zum frühen Erscheinungsbild.

Bei schweren Fällen kommt es zu Denkhemmungen, starken Ängsten oder zwanghafter Wiederholung ähnlicher Gedanken, Vorstellungen oder Handlungen. Auch Wahnvorstellungen, darüber zu erkranken, sich zu versündigen oder zu verarmen, können auftreten.

Betroffene klagen oft über Druck oder Schmerzen im Oberbauch, über Spannungszustände in Armen und Beinen, über Herzdruck und Enge bei der Atmung oder im Hals. Auch Esshemmungen und Brechreiz werden erwähnt.

Unter der Oberfläche von Schmerzen, Apathie und Distanz empfindet der Betroffene eine dumpfe Mischung aus verschiedenen Gefühlen: Zorn, Schmerz, Trauer, Angst, Ohnmacht und Einsamkeit.

Der Zustand gleicht dann einer Art Pattstellung zwischen Handlungspotenzialen und Resignation. Ein Gefühl von Zerrissenheit behauptet sich, das schließlich zur Leere führt. Der Betroffene kann nicht nach vor oder zurück. Jeder Ansatz einer Entscheidung wird von einer diametralen Gegenentscheidung blockiert.

Im Kampf zwischen vor und zurück, links oder rechts, oben oder unten erstarrt der Betroffene körperlich und emotional.

Depression kann zu einer lebensbestimmenden Grundhaltung werden und einen Menschen völlig einnehmen. In solch schweren Fällen ist – wie auch bei anderen Krankheiten – der Einsatz von Medikamenten unerlässlich und oft die einzige Chance zur Besserung.

Frühe Stadien jedoch charakterisieren sich durch phasenweise depressive Verstimmungen oder durch Anfälle, auf die jedoch eine Phase normalen Verhaltens und Erlebens folgt.

In diesen normalen Phasen bietet sich Gelegenheit zur Entscheidung für eine Psychotherapie, aber auch zur Selbsthilfe durch Emotionstraining.

Persönlichkeitsbild und Gefühlshaushalt

Wie mittlerweile deutlich geworden ist, gibt es keine kranken Gefühle, die geheilt werden müssen, sondern nur einen kranken Umgang mit Gefühlen.

Die Depression ist die wichtigste aller Gefühlskrankheiten, denn sie ist die Gefühlskrankheit schlechthin.

Die Statistik besagt, dass über 70 % der Menschen in der Leistungsgesellschaft phasenweise an Depressionen leiden. Es handelt sich eindeutig um eine Zeitkrankheit, die unmittelbar mit der extremen Leistungsorientierung, Unsinnlichkeit und Gefühlskälte unserer Gesellschaft zu tun hat.

Viele Menschen üben zum Beispiel ihren Beruf ohne Freude aus. Die Entscheidung der Berufswahl hat unter Kriterien der gesellschaftlichen Anerkennung und des Einkommens stattgefunden, nicht aber unter den Aspekten von Begabung, Talent oder Interesse. Sie war einzig vom Ziel bestimmt, die Existenz abzusichern. Genau diese Form der Existenz ist es jedoch, die viele Menschen erdrückt oder deprimiert.

Ähnlich ist es mit Beziehungen oder Formen von Partnerschaft. Das gesellschaftliche Korsett, wie eine Partnerschaft zu funktionieren hat, ist immer noch sehr eng. Die lebenslange Ehe zwischen Mann und Frau gilt nach wie vor als die angestrebte Form, obwohl die Ehe zu einer Zeit »erfunden« wurde, als die durchschnittliche Lebenserwartung bei 38 Jahren lag. Homosexuelle Beziehungen sind nach wie vor verpönt und allein stehende Frauen werden – besonders in ländlichen Regionen – noch immer schief angeschaut.

Nun ist aber der Mensch ein mit mächtigen und oft sehr unterschiedlichen Gefühlen begabtes Wesen. Jeder Mensch ist individuell und hat verschiedene Bedürfnisse wie auch emotionale Anlagen.

Wenn ein Mensch den Beruf ausübt, der sein Herz höher schlagen lässt, den er mit seiner ganzen Liebe bewältigt, und wenn er dazu noch in jener Form von Partnerschaft lebt, die ihm ganz entspricht, dann wird er mit Sicherheit gesund bleiben und alt werden.

Jeder Mensch hat verschieden entwickelte emotionale Anlagen.

Manche Menschen sind fähig zu großen Aggressionen und wären darum tolle Kämpfer, wenn es darum ginge, etwas Neues aufzubauen oder für eine große Sache viel Kraft einzusetzen.

Andere haben eher die Neigung zu Angst oder Vorsicht und wären demnach großartige Behüter oder Beschützer. Wieder andere sind zur Liebe begabt und prädestiniert für einen sozialen Beruf oder eine Lehrtätigkeit. Dann gibt es noch Unterhalter (Freude, Humor) oder Verwalter (Ordnungssinn), Bewahrer, Hinterfrager, Umsorger u. v. m.

(An dieser Stelle sei daran erinnert, dass alle, scheinbar unter männlichem Attribut angeführten Bezeichnungen, auch in vollem Umfang für Frauen gelten.)

Wer nun unter einer Depression leidet, hat den stärksten (!) seiner Antriebe unter vielen Schichten aus Regeln, Pflichten, Gesetzen und Normen vergraben.

Wahrscheinlich ist ein Betroffener seiner wahren Gefühlsbegabung noch gar nie begegnet und sich seiner großartigen Anlagen gar nicht bewusst.

Bei einer Depression handelt es sich also nicht nur um unterdrückte Aggressionen, Trauer, Schmerz oder Angst, sondern auch um unterdrückte Liebe, Lust, Freude, Sexualität oder Euphorie.

Der wichtigste Aspekt daran ist, dass jene Farbe im emotionalen Spektrum eines Menschen, die am stärksten leuchtet, nicht an der Oberfläche erscheinen darf oder mit anderen Worten:

Das, was den Menschen ausmacht, liegt begraben. Die dabei nicht selten empfundene Nähe zum Tod, in Form von Selbstmordgedanken, wird somit verständlich.

Der Weg aus der Depression kann also nur heißen:

Wie verhelfe ich meinem Innersten – dem Schönsten und Stärksten an mir – zur Geburt?!

Der GEFÜHLE-HEILEN-Ansatz

Bringen Sie Ihre Gefühle wieder in Fluss!

In Ihren normalen Lebensphasen sollten Sie dringend Zeit für ein emotionales Ausruckstraining finden.

Dazu suchen Sie einen einsamen Ort auf (Wald, Berg, abgelegenes Zimmer etc.) und beginnen dort, Ihre Elementargefühle wieder in Fluss zu setzen. Das »Emove-Ausdruckstraining« durchläuft 6 Gefühlsstadien. Die Übungen sollten hintereinander durchgeführt und jeweils nach ein bis zwei Tagen wiederholt werden.

Die GEFÜHLE-HEILEN-Fragen

Nehmen Sie bitte Papier und Stift zur Hand und beginnen Sie, folgende Fragen zu beantworten:

- Welche Verbote gab es in Ihrer Kindheit?
- Durften Sie ausreichend zornig, schmutzig, verspielt und traurig sein?
- Durften Sie in Ihrer Vergangenheit Ihre Sexualität ausleben?
- Warum nicht?
- Welche dramatische Verletzung hat Ihre Lebenskraft begraben?
- Oder waren es viele kleine Verletzungen?
- Wer oder was hat Ihre Rezeptoren das Fürchten bis hin zur Todesangst gelehrt?
- Welche »verbotenen« Sehnsüchte, Lüste, Begierden oder ausschweifenden Phantasien haben Sie?
- Was war in der Kindheit oder Jugendzeit Ihre größte Stärke?
- Welchen Traum wollten Sie sich erfüllen?

Mindestens 3 Wochen lang, 4-mal die Woche sollten Sie dafür Zeit aufwenden. Danach werden Ihre Gefühlsströme wieder fließen, die Lebensenergie wird zurückgekehrt sein und wahrscheinlich werden Sie in Ihrem Leben einiges ändern wollen.

Aber Achtung:

Dieses emotionale Ausdrucktraining sollte nur im Frühstadium, also bei gelegentlichen depressiven Verstimmungen oder bei ausreichender Gesundheit, allein durchgespielt werden.

Auch in solch leichten Fällen wäre die Anwesenheit eines Freundes oder Partners ratsam. Versuchen Sie es bitte nur dann allein, wenn Sie sich stark und sicher genug fühlen. In schwereren Fällen ist das Beisein eines Therapeuten, Trainers oder Arztes unerlässlich!

Hier nun der Gesamtablauf des »Emove-Ausdruckstrainings«:

Zorn: Strecken Sie Ihre Arme hoch über den Kopf und dann schlagen Sie mit den Fäusten von oben energisch nach unten zwischen Ihren Beinen hindurch (wie beim Holzhacken) und schreien dabei wie ein wildes Tier: Haaa...! Legen Sie den Ausdruck des Hasses in Ihr Gesicht. Es ist wichtig beim Schrei ein stummes »H« voranzusetzen, damit Ihre Stimmbänder nicht unter dem plötzlich übermäßig starken Luftstrom leiden. Wiederholen Sie den Aggressionsschrei so oft, bis Sie erst einmal das Gefühl haben: Jetzt hab ich mir Luft gemacht.

Jubel: Als nächstes beginnen Sie, mit hochgerissenen Armen und hüpfend vor Freude zu jubeln. Brüllen Sie: Ja! – und wieder Ja! Verwenden Sie dabei den umgekehrten Weg der Arme, also von unten zwischen den Beinen nach oben hochreißen und dabei springen. Schreien Sie immer am Hochpunkt der Bewegung.

Geborgenheit: Legen Sie sich zusammengekauert auf den Boden, ziehen Sie alle Gliedmaßen um Ihre Mitte oder Ihr Herz zusammen, umfangen Sie sich selbst und beginnen Sie ganz leise, zart und langsam ein altes Kinderlied zu summen. Wiegen Sie dabei Ihren Körper langsam, aber rhythmisch hin und her. Sobald eine alte Trauer oder ein Schmerz hochsteigt, gehen Sie zur nächsten Übung weiter.

Trauer: Nun hocken Sie sich hin, stützen Ihre Stirn in die Hände und beginnen unter ständigem Kopfschütteln und Wehklagen laut »Neeeiiin« zu skandieren – dabei erhöht sich die Stimmlage und bekommt einen schrillen, weinerlichen Ton. Wiederholen Sie den Vorgang so lange, bis Trauer und Tränen ganz aus Ihnen hervorgebrochen sind und sich Ihr Schmerz »ausgespült« hat.

Angst: Stehen Sie dann wieder auf, öffnen Sie Ihre Augen weit und beginnen Sie krampfartig am ganzen Körper zu zittern. Versuchen Sie wirklich, am ganzen Körper das Zittern herzustellen, verzerren Sie auch Ihr Gesicht wie aus Angst und Schmerz und rufen Sie verzweifelt um »Hiiilfee«!

Halten Sie es so lange durch, bis die Anstrengung zu groß wird, dann folgt

Stärke: Stehen Sie nun ganz aufrecht und lassen Sie alle Anspannung aus dem Körper strömen. Atmen Sie lange aus und tief ein. Lassen Sie alle Muskeln, außer die zum Stehen benötigten, los und stehen Sie dabei ganz aufrecht im Lot. Nun breiten Sie die Arme aus, als wollten Sie die ganze Welt umarmen. Suchen Sie nach einem klaren, aufrichtigen und mutigen Blick. Sagen Sie mindestens 7-mal laut und deutlich: »Ich bin!«

Schließen Sie Ihr Training mit einem Dank an sich und das Leben ab.

Befreien Sie sich von Ihrer Lebensform!

Überprüfen Sie für einige Tage Ihre Art und Weise zu leben. Wählen Sie immer wieder die Perspektive eines Außenstehenden, so als hätten Sie mit Ihrem Leben gar nichts zu tun. Betrachten Sie Ihren Beruf, die Kollegen, die Produkte Ihrer Arbeit, Ihre Vorgesetzten und fragen Sie sich, ob das alles wirklich zu dem Menschen passt, der Sie sind.

Betrachten Sie Ihre Familie, Lebensgemeinschaft oder Beziehungssituation. Ist das wirklich die beste Form für Sie oder wünschen Sie sich in Wahrheit etwas ganz anderes?

Überprüfen Sie so auch Ihre Kleidung, Ihre Wohnsituation, Ihre Urlaubsgewohnheiten usw.

Schreiben Sie eine Liste mit dem Ist- bzw. dem Soll-Zustand.

Je heftiger Ihre depressiven Phasen sind, desto rascher sollten Sie Ihre Lebenssituation dann der Sollseite Ihrer Liste annähern. Es ist niemandem geholfen, wenn Sie die halbe Zeit Ihres Lebens nicht ansprechbar sind.

Die 15 GEFÜHLE-HEILEN-Richtlinien

Der intakte Gefühlshaushalt

Die Forschungsergebnisse der Molekularbiologie legen für den gesunden Umgang mit Gefühlen einfache und klare Handlungsweisen nahe. Unser Gefühlssystem ist dafür gemacht, lange Phasen des Glücks, der Harmonie und Freude zu durchleben. Die positiven Gefühlsbereiche sind nachweislich die gesündesten. Sie beugen bis zu 80 % aller Krankheiten vor, verlängern unser Leben und steigern obendrein noch den Erfolg.

Die drei Hauptregeln für einen intakten und gesunden Gefühlshaushalt

1) Fühlen Sie so oft und so lange wie möglich positive Gefühle!

2) Sprechen Sie alle Gefühle in ehrlichen Ich-Botschaften aus!

3) Drücken Sie alle Gefühle lebendig mit dem ganzen Körper aus!

Wenn Sie es durchhalten, 3 – 4 Wochen lang täglich von morgens bis abends positive Gefühle zu durchleben, haben Sie es geschafft: Ihre Rezeptoren sind dann wieder auf Gesundheit und Glück programmiert. Darin liegt auch der Grund, warum ein 3- bis 4-wöchiger Urlaub für viele Monate ein neues Lebensgefühl geben kann – es braucht erst wieder eine 3- bis 4-wöchige

»Gegenphase« voll Stress oder anderer negativer Gefühle – also: Üben Sie 3 – 4 Wochen lang täglich von morgens bis abends positive Gefühle!

Die negativen Gefühlsbereiche sind nur zum Schutz in unser Gefühlssystem integriert. Sie reagieren auf jede Form der Bedrohung und stellen die Ressourcen her, um effektiv fliehen, verteidigen oder kämpfen zu können. Sie sind allerdings nur für kurze und intensive Einsätze konzipiert. Sie bereiten starke körperliche Aktivität vor und müssen ausgedrückt werden.

Lang anhaltende Phasen voll unterdrückter negativer Gefühle sind reines Gift für unsere Gesundheit.

Auf der folgenden Doppelseite finden Sie zusammengefasst die Regeln und Anhaltspunkte für einen gesunden und idealen Umgang mit Gefühlen. Die Übungen und Trainingsformen zu deren Umsetzung haben Sie bereits bei den GEFÜHLE-HEILEN-Ansätzen kennen gelernt.

Die 15 GEFÜHLE-HEILEN-Richtlinien – auf einen Blick

Fühlen Sie positiv!

Pflegen Sie täglich die besten Gefühle für Ihre Gesundheit: Freude, Güte, Gelassenheit, Nähe, Vertrauen, Glück und natürlich Liebe. Besonders Güte und Gelassenheit sind Wundermittel aus der körpereigenen Apotheke.

Fühlen Sie intensiv!

Entdecken Sie die intensiven Gefühle Ihrer Kindheit wieder und legen Sie Schritt für Schritt Ihre Scham ab, diese voll und ganz auszuleben.

Große Gefühle sind gesund und halten die Lebensenergie auf dem »Highlevel«.

Sammeln Sie Hochgefühle!

Prägen Sie sich in Zukunft jede Situation gut ein, in der Sie intensive positive Gefühle erleben. Merken Sie sich alle Sinneseindrücke. Wenn Sie dann Tage oder Wochen später einmal nicht so gut drauf sind, nützen Sie die Erinnerung an das schöne Erlebnis, um Ihr Gefühlsbarometer wieder steigen zu lassen.

Schlucken Sie kein Gefühlsgift!

Lassen Sie sich nicht von den negativen Gefühlen anderer anstecken. Sagen Sie innerlich »Stopp!« oder wenden Sie sich ab, wenn Sie jemand – unaufgefordert oder ohne um Hilfe zu bitten – anjammert, unterdrückt, zynisch oder gehässig wird, Ihnen Angst oder Schuldgefühle machen will.

Sprechen Sie Ihre Gefühle aus!

Reden Sie über Ihre negativen und positiven Gefühle mit Freunden, Ihrem Partner, aber auch mit Kollegen. Gefühle werden durch das Aussprechen wieder in Fluss gebracht. Das ist der biochemisch-emotionale Hintergrund von Beichte und Gesprächstherapien. Gefühle aussprechen befreit und reinigt den Körper von Giftstoffen.

Bewegen Sie sich lebendig!

Bewegen Sie sich insgesamt lebendig, locker und leicht. Hält sich der Körper durchwegs in einem – der natürlichen Muskelspannung entsprechenden – Zustand auf, so fällt es leichter, Gefühle an die Oberfläche zu lassen.

Agieren Sie Ihre Gefühle aus!

Ihre Gefühle sollten unmittelbar im Gesicht, in Ihrer Stimme, der Körperhaltung und auch der Gestik zum Ausdruck kommen.

Dies widerspricht zwar dem gesellschaftlichen Dogma, keine Gefühle zu zeigen, entspricht aber dem biochemisch natürlichen Fluss der Gefühle.

Mit diesem gesunden Verhalten werden wir geboren und unsere Gesellschaft sollte dazu zurückfinden.

Zittern und schwitzen Sie!

Akzeptieren Sie Ihr Zittern, wenn Sie einmal unsicher sind. Akzeptieren Sie auch Ihre feuchten Hände oder Schweißflecken unter den Achseln, wenn Sie Druck oder Furcht empfinden.

Auch das Stocken des Redeflusses, Versprecher oder ein Frosch im Hals sind erlaubt. Diese emotionalen Regungen sind nur natürlich – jeder Mensch hat sie – und so lange man sich dafür schämt, wird das negative Gefühl nur noch größer.

Stehen Sie zu Ihren Schwächen!

Jeder Mensch hat Schwächen. Natürlich sollte man seine schwachen Seiten stärken und aktiv daran arbeiten, sie zu verbessern. Doch zu den momentanen Schwächen nicht zu stehen, zwingt einen immer wieder zur Lüge – und lügen heißt, Gefühle zu unterdrücken. Man blockiert sich dadurch selbst und hemmt den Fluss der Emotionen.

Beherrschen Sie Ihre negativen Gefühle nur, wenn die Folgen noch schlimmer sind!

Manchmal gibt es natürlich Situationen, in denen es gesünder ist, seine negativen Gefühle von Wut, Zorn oder Schwäche nicht unmittelbar zu zeigen.

Dies ist immer dann der Fall, wenn die Konsequenzen noch schlechtere Gefühle zur Folge hätten. Für solche Fälle bleibt nur das Ausagieren an einem Ersatzort oder das endgültige Aufgeben dieser beruflichen bzw. privaten Situation.

Schreien Sie, wenn es sein muss!

Aggressionen sind zum Schutz da, wenn unser Leben wirklich bedroht ist. Der Schrei, als Ausdruck von Aggression, ist also nur dann natürlich, wenn es um existenzielle Bedrohungen geht und kein anderer Weg mehr bleibt. Versuchen Sie insgesamt, Situationen, die Sie erzürnen, aus dem Weg zu gehen oder wandeln Sie so oft wie möglich Ihren Zorn durch Verständnis und Mitgefühl.

Bevor Sie jedoch Aggressionen unterdrücken, ist es immer noch besser, einen Schrei zu wagen oder Ihre Wut durch ein

Ausdruckstraining an einem neutralen Ort loszuwerden – denn sonst richtet sich die Aggression gegen Ihren eigenen Körper.

Weinen Sie, solange es schmerzt!

Der Sinn jeder »Trauerarbeit« ist es, die angestauten negativen Gefühlsmoleküle »auszuschwemmen« und zugleich durch die Intensität der Emotion genügend Energie aufzubauen, um den Verlust auszugleichen. Wenn etwas seelisch schmerzt, sind Tränen die natürlichste Reaktion. Weinen ist gesund und biochemisch ein Akt der Befreiung von unnötigen Giftstoffen.

Geben und nehmen Sie Liebe!

In der Liebe ist es wichtig, das emotionale Gleichgewicht von Geben und Nehmen einzuhalten. Wer sich mit seiner Liebe über die Maßen verausgabt und keine Liebe annehmen kann oder aber Liebe nur für sich beansprucht und nicht bereit ist, sie auch zu geben, leidet schnell an einem Ungleichgewicht im biochemischen Haushalt.

Pflegen Sie Nähe und Berührung!

Kommen Sie anderen Menschen – Ihrem Partner, Ihren Kindern und Freunden – körperlich nahe. Erlauben Sie sich so viele Berührungen und Streicheleinheiten wie möglich. Die gesunden Gefühlshormone »überfluten« unter Berührung geradezu die Blutbahnen und überbringen den Rezeptoren die besten Glücksbotschaften.

Lachen Sie so oft wie möglich!

Lachen ist tatsächlich gesund. Endorphin und Serotonin werden ausgeschüttet und schützen so die Rezeptoren vor Stresshormonen oder Viren. In vielen Krankenhäusern wird das Lachen – mit Hilfe von Filmen oder Clowns – bereits zur Beschleunigung von Heilungsprozessen eingesetzt. Also: Lachen Sie mindestens dreimal am Tag laut und herzhaft.

20 Beschwerden von A – Z

Hier finden Sie weitere Beschwerden, die neben organischen oder äußeren Ursachen mit dem Gefühlshaushalt im Zusammenhang stehen. Durch die Kürze der Statements sind die Inhalte natürlich nur oberflächlich angerissen. Sie können Ihnen vielleicht dennoch Ansätze zu neuen Perspektiven bieten.

Beschwerden

! Gefühlshaushalt

► GEFÜHLE-HEILEN-Ansatz

Augenprobleme

! Gefühle werden nur verschwommen wahrgenommen. Eigene Schuld, aggressives Verhalten oder seelische Gewalt werden beiseite geschoben und nicht betrachtet.

► Setzen Sie sich eingehend mit den negativen Gefühlen der Vergangenheit und Gegenwart auseinander. Nehmen Sie die anstehende Verantwortung und Pflicht auf sich. Klären Sie ehrlich Ihre Absichten.

Beinprobleme

! Die Beine führen uns in das nächste Stadium der emotionalen Entwicklung. Ängste hemmen diese Fortbewegung. Das Aufgeben des momentanen Standpunktes fällt schwer.

Hören Sie auf Ihr Herz. Der Weg und der nächste Schritt sind Ihnen längst klar. Nun müssen Sie auch den Mut aufbringen, Ihrem Herzen zu folgen. Trotz aller Angst, starten Sie drauf zu! Es wird sich lohnen.

Brustbeschwerden

! Der Brustbereich steht für Schutz, Nähe, Bemuttern – für Nähren und Nahrung. Erdrückende Nähe, Ablehnen von Verantwortung, Furcht vor Konsequenzen. Bei Frauen auch Unterdrückung der weiblichen Kräfte bzw. Weiblichkeit.

► Lassen Sie Ihre Gefühle zu. Beruhigen Sie Ihre Zweifel und genießen Sie. Geben Sie sich hin und kosten Sie Nähe und Geborgenheit in vollen Zügen. Fühlen Sie sinnlich und lustvoll.

Chronische Erkrankungen

! Man hält an erstarrten Gefühlsabläufen fest. Einzelne emotionale Bereiche werden überbetont. Sehnsüchte und emotionale Bedürfnisse werden, aus Angst vor Einsamkeit, unterdrückt.

► Leben Sie die »andere« Seite Ihrer Gefühle aus. Erst die Erfahrung aller Gefühlsbereiche macht Sie zu einem ganzen Menschen. Was Sie verlieren, gewinnen Sie auf eine neue Art zurück.

Darmprobleme

Siehe Kapitel Darmprobleme ab Seite 63

Dauerschmerz

! Stetige Sehnsucht nach Geborgenheit, Rückhalt und Liebe durchzieht den Körper. Einsamkeit und der Wunsch nach innigen Beziehungen dominiert.

► Nehmen Sie sich ganz an – mit allen Schwächen und Fehlern. Je mehr Sie sich selbst lieben können, desto liebenswerter werden Sie für andere. Sagen Sie sich täglich: Ich liebe mich. Ich akzeptiere mich ganz. Ich bin voll von Liebe.

Depression

Siehe Kapitel Depression ab Seite 75

Drüsenprobleme

! In den Drüsen entspringt biochemisch unsere Gefühlsaktivität. Eigeninitiative und Engagement sind einseitig verteilt oder blockiert.

► Gehen Sie auf das Leben zu. Handeln Sie aktiv, entschlossen und selbstentschieden. Nützen Sie die Kraft freigelegter Emotionen, um Ihre Ziele zu erreichen.

Entzündungen

! Etwas brennt im Körper. Ein intensives Gefühl will an die Oberfläche und ausgelebt werden. Die Entzündung ist der emotionale Ersatzausdruck. Eine Angst ist akut geworden, hat sich erhitzt und fordert eine Entscheidung.

► Befreien Sie sich erst vom Überdruck. Betrachten Sie die Angelegenheit mit Distanz und üben Sie Gelassenheit. Aus dem friedlichen Gefühl heraus werfen Sie einen neuen Blick darauf. Sollte die Entzündung weiterhin auftreten, folgen Sie dem akuten Gefühl, äußern Sie es und kämpfen Sie für Ihre Sache.

Frauenleiden (Menstruationsprobleme, Eierstöcke)

! Die Quelle der schöpferischen Gefühlsenergie ist blockiert. Zurückhalten der aggressiven weiblichen Kräfte und des beherzten weiblichen Handelns. Ablehnung der damit verbundenen Gefühle: Sanftmut, Hingabefähigkeit, Offenheit für das Leben. Es bestehen Schuldgefühle dem eigenen Verlangen gegenüber. Sexualität scheint sündhaft und schmutzig. Kreativität wird gebremst oder einer männlichen Führung unterstellt.

► Setzen Sie Ihre weibliche Kraft durch und folgen Sie Ihrer schöpferischen Ader. Lassen Sie sich nicht von männlichen Emotionen dominieren, sondern folgen Sie beharrlich Ihrem Ziel. Die weibliche Kraft braucht zu Ihrer Entfaltung den ganzen Mut zur Selbstständigkeit.

Gedächtnisprobleme

! Angst blockiert das Gedächtnis. Negative Gefühle schaffen ein Abwehrverhalten. Man will fliehen und sich der Sache nicht stellen.

► Gehen Sie auf das, was Sie fürchten lässt, direkt zu. Genau darin finden Sie den Schlüssel zu wichtigen Fragen Ihres Lebens. Wenden Sie sich nicht ab, sondern üben Sie sich darin, Ihre Angst durchzustehen.

Gelenkprobleme

! Die Gelenke stehen für die Beweglichkeit des Gefühlslebens. Die emotionale Flexibilität ist gebremst. Die Wendigkeit und lebendige Bewegung des Gefühlsausdrucks stockt.

► Folgen Sie den oftmals schnellen Wandlungen Ihres Gefühlslebens. Nicht alles ist kontrollierbar. Ändern Sie Ihre Absichten und Vorsätze. Riskieren Sie spontane Gefühlsausbrüche.

Halsprobleme

! Die Unfähigkeit, seinen Gefühlen eine Stimme zu verleihen bzw. für sich selbst zu sprechen. Zorn und Kränkungen werden hinuntergeschluckt. Die Kreativität wird erstickt.

► Geben Sie Ihren Gefühlen Sprache und Stimme. Reden Sie nicht immer in einer ähnlich monotonen Weise, sondern folgen Sie mit der Sprachmelodie und der Stimmhöhe den Bewegungen Ihrer Gefühle – Stimme kommt von Stimmung.

Hauterkrankungen

! Die Haut steht als Organ für unsere Individualität und damit für unsere Unabhängigkeit. Bei Hautproblemen bestehen Verlustängste, der Wunsch, auf sich aufmerksam zu machen, Angst vor dem Alter und dem »Ausgesetztsein«.

► Betrachten Sie bewusst Ihre Furcht vor der Einsamkeit. Stellen Sie Ihr Gefühlsleben auf Selbständigkeit um. Sprechen Sie Ihre Angst vor nahe stehenden Personen aus und gestehen Sie sich Schwäche ein.

Herz-Kreislauf-Erkrankungen

Siehe Kapitel Herz-Kreislauf-Erkrankungen ab Seite 43

Hüftprobleme

! Das Vorankommen – der Fortschritt – ist blockiert. Die Selbstentschiedenheit wird aus Furcht vor Konsequenzen unterdrückt.

► Riskieren Sie es, den eigenen Wegen und Vorstellungen zu folgen. Lassen Sie nicht zu, dass Ihre eigene Furcht Sie gefangen hält. Treten Sie mutig auf, bieten Sie die Stirn und setzen Sie Ihre Standpunkte durch.

Immunsystem

Siehe Kapitel Schwächung des Immunsystems ab Seite 71

Kopfschmerzen, Migräne

Siehe Kapitel Kopfschmerzen, Migräne ab Seite 56

Lungenprobleme

! Die Lunge nimmt das Leben mit all seinen Gefühlsbereichen in sich auf. Wird das Leben als Bedrohung empfunden, verweigert man seine Aufnahme und atmet entsprechend flach. Es besteht eine Furcht davor ganz und innig zu leben.

► Stellen Sie sich dem Leben. Kein Gefühlsbereich ist a priori nieder oder primitiv. Erst wenn man alle tiefen Gefühle aufnehmen und ausleben kann, ist man vom Leben ganz durchdrungen. Genießen Sie und schweifen Sie aus.

Magenerkrankungen

Siehe Kapitel Magenerkrankungen ab Seite 59

Ohrenbeschwerden

! Die Ohren nehmen die feinen Nuancen der Stimme und der dadurch ausgedrückten Gefühle wahr. Starkes Einreden von anderen Menschen mit negativen Emotionen stört den eigenen Gefühlshaushalt.

► Hören Sie bewusst sanfte Musik, wohltönende Stimmen und Naturgeräusche. Versinken Sie in die Schönheit von Geräuschen und geben Sie sich den aufkeimenden Gefühlen hin.

Rheumatismus

! Unterschwelliger Zorn und Ablehnung bestimmen den Alltag der Beziehungen. Man fühlt sich bedroht, lieblos behandelt und schikaniert. Anhaltende Verbitterung zieht sich durch den Körper.

► Gehen Sie mit positiven Gefühlen in jeden Tag. Erwarten Sie neue und gute Ereignisse sowie liebevolle und freundliche Menschen. Gestalten Sie Ihr Leben bewusst voll guter Gefühle.

Skelett

! Das Skelett steht für unsere emotionale und mentale Grundstruktur. Wenn man über lange Zeit hinweg bestimmte Gefühle und Gedanken nicht annimmt, verfallen auch entsprechende Knochen in unserem Körper – ähnlich einem Haus, das nur an manchen Stellen gepflegt wird.

► Nehmen Sie alle Ihre Gefühle und Gedanken als gut und wertvoll an. Negative Gefühle und Gedanken sind oft zum Schutz da. Erlauben Sie sich, das Leben mit allen Sinnen und Gefühlen zu genießen.

Solarplexus (Sonnengeflecht)

! Die »Magengrube« steht für das Zentrum unserer intuitiven Kraft und die Fähigkeit, Gefühle anderer Menschen wahrzunehmen. Die dort empfundenen Schmerzen sind oft die Schmerzen anderer Menschen, mit denen man leidet. Im anderen Fall wird unsere eigene Kraft von anderen gestört.

► Konzentrieren Sie sich täglich vor dem Einschlafen auf Ihren Solarplexus und achten Sie dann auf keimende Gefühle und Eindrücke. Etwas in Ihrem Leben hindert Sie unmittelbar daran, das Richtige wahrzunehmen. Treffen Sie eine Entscheidung.

Überaktivität

! Innerer und äußerer Leistungsdruck zwingt zu permanenter Aktivität. Zu hohe Erwartungen oder der Zwang, eine Schuld wieder gutzumachen, führen zu übersteigerter Leistung.

► Gleichen Sie Ihren Gefühlshaushalt durch das regelmäßige Üben von Gelassenheit aus. Programmieren Sie Ihre Gefühle um. Nützen Sie Techniken aus den Bereichen des Atemtrainings und der Meditation.

Übergewicht

Siehe Kapitel Übergewicht ab Seite 67

Verspannungen

Siehe Kapitel Verspannungen ab Seite 52

Wirbelsäulenschäden

Siehe Kapitel Wirbelsäulenschäden ab Seite 49

Zähne

! Die Zähne stehen für den Biss im Leben, also der Fähigkeit, beherzt sein Anliegen und seine Gefühle zu vertreten. Wer seine »Zähne« nicht zeigt oder sich vor einer Entscheidung fürchtet, leidet an Zahnproblemen.

► Gehen Sie beherzt auf Ihre Ziele zu. Zeigen Sie auch Ihren Zorn und Ihre aggressive Seite. »Beißen« Sie sich auch gegen Widerstände durch und fällen Sie die Entscheidung.

Quellen zu diesem Buch

Baur, E. G. / Schmid-Bode, W.:
Glück ist kein Zufall.
Gräfe und Unzer Verlag

Braiker, H.:
Giftige Beziehungen.
Wolfgang Krüger Verlag

Bräutigam, W. / Christian, P.:
Psychosomatische Medizin.
Georg Thieme Verlag

Dethlefsen, T.:
Krankheit als Weg. Goldmann Verlag

Friedmann, A. / Thau, K.:
Leitfaden der Psychiatrie.
Verlag Wilhelm Maudrich

Goleman, D.:
Die heilende Kraft der Gefühle. Gespräche mit dem Dalai Lama. dtv

Hay, Louise L.:
Heile Deinen Körper.
Verlag Alf Lüchow

Hennig, J.:
Psychoneuroimmunologie. Verhaltens- und Befindenseinflüsse auf das Immunsystem bei Gesundheit und Krankheit.
Hogrefe Verlag für Psychologie

Lippert, H.:
Anatomie. Text und Atlas.
Urban & Schwarzenberg Verlag

Ornish, D.:
Die revolutionäre Therapie: Heilen mit Liebe. Schwere Krankheiten ohne Medikamente überwinden. Mosaik Verlag

Overzier, K.:
Systematik der Inneren Medizin.
Georg Thieme Verlag

Perth, C.:
Moleküle der Gefühle. Körper, Geist und Emotionen.
Rowohlt Verlag

Pschyrembel, W:
Klinisches Wörterbuch.
de Gruyter Verlag.

Schmidt, S.:
Immunsystem schützen und gezielt stärken. Gräfe und Unzer Verlag.

Tietze, H. G.:
Organsprache von A-Z. Knaur

Von Michael Weger bereits erschienen

Weger, M.:
Vom Wirken des Herzens durch Emotionales Programmieren.
Alekto Verlag. Klagenfurt, 1998.
ISBN 3-900743-32-0

Weger, M.:
Gefühle zeigen und gewinnen – Emotionales Programmieren im Business.
NP-Buchverlag. St. Pölten 2000.
ISBN 3-85326-141-8

Kontaktadresse / Seminarinformationen

www.michaelweger.com

Besuchen Sie mich auf meiner Homepage – dort können Sie mich per E-Mail erreichen und Informationen zu Seminaren, Emotionaltherapie sowie Vorträgen erhalten.

GESUNDHEITSBIBLIOTHEK **Gefühle heilen**

Gesundheits-Lexikon

Das Gesundheitslexikon bietet die wichtigsten Indikationen, bei denen Naturheilkunde erfolgreich eingesetzt werden kann, außerdem Informationen über die häufigsten Krankheiten, weitere alternative Heilmethoden und Diäten. Der Leser kann aus verschiedenen Methoden auswählen: Homöopathie, Akupressur, Kneipp, Heilkräuter und Ernährung gehören zum »Standard« – vielfach werden weitere Methoden und bewährte Hausmittel vorgeschlagen.

Wenn sich Beschwerden durch Selbstbehandlung nicht binnen weniger Tage bessern, ist unbedingt ein Arzt/eine Ärztin zu konsultieren. Bei allen entzündlichen Erkrankungen, bei Herz-Kreislauf-Erkrankungen, Lungenproblemen, bakteriellen oder viralen Infektionen und anderen schweren Gesundheitsstörungen muss immer die ärztliche Diagnose und Therapie vorangestellt werden, zusätzlich kann man in Absprache mit dem Arzt naturheilkundliche Zusatztherapie betreiben.

Das Lexikon wurde vom Redaktionsteam des Kneipp-Verlags sorgfältig zusammengestellt. Für die medizinische und pharmakologische Beratung danken wir herzlich Herrn OMR Dr. Hans Krammer und Herrn Prof. Mag. pharm. Bernd Milenkovics.

V wie Venenprobleme

–

Z wie Zysten

Die Reihenfolge der zu den einzelnen Indikationen gewählten Naturheilmittel richtet sich nach den Anwendungsmöglichkeiten.

Die Vorschläge zur naturgemäßen Behandlung erheben keinen Anspruch auf Vollständigkeit. Die Entscheidung über die Durchführung ist immer gemeinsam mit dem Arzt zu treffen.

Venenprobleme

→ **Kneipp**
→ **Homöopathie**
→ **Heilpflanzen**
→ **Ernährung**

Ein großer Anteil der Bevölkerung – mehr Frauen als Männer – leidet an Venenproblemen mit mehr oder weniger aktuellen, bisweilen immer wieder wechselnden Beschwerden. Die Palette reicht von oberflächlichen Besenreisern und deutlich sichtbaren → Krampfadern, schmerzhaften Venenentzündungen oder gefährlichen tief-liegenden Venenthrombosen bis zu Beinschwellungen und offenen Beinen:

Venenerkrankungen:

- *Krampfadern = Varizen*
- *Venenentzündungen = Thrombophlebitiden*
- *Venenthrombosen = Blutgerinnsel, die tiefliegende Venen verstopfen*
- *Ödembildung = Flüssigkeit im Gewebe durch Rückstau*
- *Geschwürbildung an den Beinen = Ulcus cruris*

sehr vielgestaltige Bilder, die als variköser Symptomenkomplex zusammengefasst werden.

Die Hauptursache liegt an den anatomisch-physiologischen Verhältnissen der Venen, dem Niederdruckbereich des Kreislaufsystems, wo das Blut großteils entgegen der Schwerkraft zum Herzen zurückfließt. Die Druckverhältnisse, abhängig von der Pumpleistung des Herzens und der Wirkung der großen elastischen Arterien, sind gegenüber den Arterien erheblich niedriger (etwa 1/7). Das bezieht sich auf normal kalibrierte Venen und sinkt mit deren Erweiterung bis in den negativen Bereich hinein ab. Die Wände der Venen sind wesentlich dünnwandiger als die von gleich starken Arterien (als Folge des geringeren Druckes) und deshalb setzen sie einer Drucksteigerung (z. B. bei stehendem Beruf) geringeren Widerstand entgegen und neigen zur Erweiterung. Jede Zunahme des Kalibers bedeutet auch eine Störung der glatten Innenauskleidung der Venen und damit den ersten Schritt zur Neigung zur Gerinnselbildung. Um einem Rückfluss unter ungünstigen Umständen vorzubeugen, verfügen die Venen über ein Klappensystem, das sich erforderlichenfalls schließt. Wenn allerdings die Klappen in einem erweiterten Venenbereich liegen, schließen sich die Klappensegel nicht mehr und der Rückstau kommt voll zum Tragen. Ein sich aufschaukelnder Prozess nimmt seinen Lauf. Ein weiteres Moment zur regelrechten Entleerung der Venen ist die so genannte Muskelpumpe. Die Venen sind an den unteren Extremitäten gewissermaßen zwischen den Muskeln und der Haut eingespannt. Die Muskeltätigkeit hilft mit, die Blutzirkulation in den Venen ordnungsgemäß aufrechtzuerhalten. Langes, unbewegliches Stehen oder Sitzen ohne Muskelaktivität fördert Venenleiden. Als vorgegebener Faktor der Varizenbildung sei noch die angeborene Venenwandschwäche erwähnt. Es ist seit langem bekannt, dass sich Krampfadern vor allem bei den weiblichen Mitgliedern der Folgegenerationen fortsetzen.

Eine Entzündung oberflächlicher, erweiterter Venen setzt immer eine Schädigung der Innenauskleidung der Venenwand voraus. Fördernd wirken Störungen des Blutflusses, Blutgerinnungsstörungen, Absiedelung im Blut kreisender Erreger, aber auch Tumoren und verschiedene Krank-

heiten innerer Organe. Unübersehbares Symptom der Venenentzündung ist die schmerzhafte Rötung und Schwellung. Die Schmerzen treten sowohl in Ruhe als auch bei Belastung auf. Gelegentlich kommt noch Fieber hinzu. Behandelt wird im akuten Stadium entzündungshemmend und schmerzstillend mit Kälte und entzündungshemmenden Medikamenten. Außerdem werden gerinnungshemmende Heparine unter die Haut gespritzt, was der Patient leicht selbst oder ein Angehöriger besorgen kann. Bettruhe ist nicht unbedingt erforderlich, doch sollte stärkere Belastung (z. B. Springen oder Laufen) vermieden werden! Straffe Bandagen oder Kompressionsstrümpfe der Klasse II sollen einem Losreißen von Gerinnseln vorbeugen.

Ist eine tiefliegende Vene entzündet, ist das wesentlich gefährlicher, da die praktisch immer begleitend auftretenden Gerinnsel – eher als bei den oberflächlichen Venen – losgerissen werden können. Der Arzt spricht von Phlebothrombose. Krampfadern und Herzschwäche, mangelnde Bewegung, Übergewicht und Austrocknung des Körpers fördern das unheilvolle Geschehen. Sichtbar wird die tiefe Thrombose an den Beinen vor allem durch eine pralle Schwellung der Wade, verbunden mit mehr oder weniger heftigen Spannungsschmerzen und einer bläulichen Verfärbung des Beins. Löst sich ein Gerinnsel und wird vom Blutstrom über das rechte Herz in die Lunge hineingetragen, kommt es unter Umständen zu einem Lungeninfarkt, der je nach Größe auch lebensbedrohlich sein kann. Die Therapie gleicht jener bei oberflächlichen Venenentzündungen, wobei allerdings die Kälte lokal nicht sehr viel bringt, da sie nicht in die erforderliche Tiefe dringen kann.

Wichtig sind die niedermolekularen Heparine und die Kompressionsverbände sowie die Vermeidung von Belastung, um einem Losreißen des Gerinnsels vorzubeugen. Nach einiger Zeit wächst das Gerinnsel an, das Blut sucht sich einen anderen Weg, beziehungsweise das verlegte Gefäß wird rekanalisiert. Soweit die normale Konsolidierung. Es kann sich aber auch eine chronische Venenerkrankung mit allen Variationen eines varikösen Symptomenkomplexes entwickeln. Neben den geschilderten Symptomen können Substanzdefekte = Geschwürbildungen an der durch Sauerstoffmangel geschädigten Haut, Infektionen (z. B. Rotlauf) und neuerliche → Thrombosen auftreten.

Noch häufiger als die akut einsetzende Venenerkrankung ist die chronische Entwicklung des Venenleidens.

Es entwickelt sich langsam, über Jahre, und führt neben der Erweiterung nach und nach zur Verstopfung mehrerer Venen. Abwärts der gerinnselbedingten Verschlüsse steigt der Rückstau-Druck in den Venen, wodurch vermehrt Flüssigkeit in das umliegende Gewebe gedrückt wird. Das behindert wiederum den Stoffwechsel des Gewebes – Geschwüre (offene Beine) und lokale, oberflächliche Entzündungen sind die Folge. Die Beine sind geschwollen, müde und schwer, besonders nach langem Gehen und Stehen. Sie fühlen sich kalt an, kribbeln, dazu kommen nächtliche Wadenkrämpfe. Ein chronisches Krankheitsgeschehen, für das es noch keine Dauerheilung gibt, das vielmehr einer ständigen phasengerechten Behandlung bedarf und wobei der Phlebologe (der Venenfachmann) nur zeitweilig längere Ruhephasen versprechen kann. Unterstützende Selbsthilfe mit Wissen des Arztes sind im Nachfolgenden beschrieben.

Kneipp

- Bewegung
- Vermeidung von Übergewicht
- Kalte Waschungen
- Temperierte oder kalte Güsse
- Wassertreten
- Kühle Wickel

Allen Venenproblemen kann man durch konsequente Lebensführung vorbeugen. Kalte Kneippanwendungen und täglich viel Bewegung, sowie die Vermeidung von Übergewicht sind die Grundpfeiler der Venenvorsorge. Bequemes Schuhwerk, lockere Kleidung, bei Veranlagung medikamentöse Vorbeugung bei Flugreisen (Heparinspritzen, nur auf ärztliche Verschreibung). Dosierter Freizeitsport mit Schwimmen, Radfahren, Gehen, Nordic Walking.

Kalte Waschungen der Unterschenkel oder der ganzen Beine können täglich auch mehrmals und zwischendurch gemacht werden. Sie straffen ebenso den Venentonus wie temperierte (ca. 22 °C) oder kalte (ca. 15 °C) Güsse (Dauer 10 Sekunden oder länger, 2-mal täglich). Wassertreten im temperierten oder kalten Wasser in einem ausreichend großen, randvoll gefüllten Kübel in der Brausetasse oder in der Wanne, anschließend dicke Socken anziehen und warmgehen. Die Kombination von Wasser und Bewegung hat für die Entstauung der Beine durch die Aktivierung der Muskelpumpe mehr Erfolg als jede Anwendung für sich. Kühle Wickel mit Topfen (Quark), Lehm oder Schlamm wirken entzündungshemmend und entwässernd (3-mal pro Woche oder öfter).

Zu vermeiden sind auf jeden Fall warme Bäder (nach Reinigungsbädern kalter Abschlussguss), Thermalbäder über 28 °C, absperrende Kleidung und enge Schuhe. Langes Sitzen (besonders mit übereinander geschlagenen Beinen) und Stehen sind ungünstig. »Zehenkrabbeln« und Wippen mit den Füßen können unvermeidbares Sitzen im Bus oder Flugzeug für die Venen erleichtern.

Homöopathie

- Aesculus hippocastanum
- Hamamelis
- Apis
- Arnika
- Acidum fluoricum
- Lachesis
- Pulsatilla
- Sulfur
- Crotalus horridus
- Arsenicum album
- Echinacea
- Vipera berus
- Ferrum
- Millefolium
- Zincum
- Sepia
- Lycopodium

Aesculus hippocastanum: Altes Venenmittel; ist in unzähligen Venenpräparaten enthalten; hat eine kräftigende Wirkung auf die Venenwände. Wenn es sonst keine wesentlichen Beschwerden gibt, ist es das erste Mittel. Typisch: Kreuzschmerzen, träger Stuhlgang, Völlegefühl im Körper. Besserung im Freien. Dosierung: Urtinkur oder D_2 bis D_4, 3- bis 5-mal täglich als Kur über einige Wochen genommen.

Hamamelis: Die dunkelrote Farbe der Hamamelistinktur kann als Signatur ihrer therapeutischen Wirkungen gesehen werden. Keine Arznei zeigt eine so umfassende Verwendbarkeit bei blutenden Fällen und gestörten Gefäßen (Clarke). Stechende Empfindung in den Venen, Varizen, Hämorrhoiden. Verletzungen bluten schnell und lang. Schlimmer durch Bewegung, an der frischen Luft und empfindlich auf Berührung.

Apis, Arnika, Acidum fluoricum (Flusssäure), Hamamelis, Lachesis, Pulsatilla, Sulfur sind häufig gebrauchte Arzneien bei schmerzenden Venen.

Bei blutenden Krampfadernknoten:

Hamamelis, Lachesis, Crotalus horridus sind die vielleicht wichtigsten Mittel.

Venenentzündungen sind im Anfangsstadium mit Arnika oder Hamamelis meist komplikationslos zu behandeln. Weitere Mittel sind **Arsenicum album, Crotalus horridus, Echinacea, Lachesis, Vipera berus**.

In der Schwangerschaft auftretende Varizen sind verständlich durch die komplizierteren Strömungsverhältnisse und sollten rasch behandelt werden, da meist ein günstiger Verlauf möglich ist. Die am häufigsten bewährten Arzneien sind **Ferrum, Hamamelis, Millefolium, Pulsatilla,** weiters **Zincum, Sepia, Lycopodium**.

Heilpflanzen

- Rosskastanie
- Rotes Weinlaub
- Steinklee
- Mäusedorn
- Asiatisches Tigerkraut
- Buchweizenkraut

Die Rosskastanie wird in standardisierter Zubereitung in verschiedenen Präparaten gegen Störungen des Venenapparates mit der Neigung zu Schwellungen und Entzündungen innerlich und äußerlich angewendet. Äußerlich sind Rosskastanienpräparate so anzuwenden, dass man morgens über die Krampfadern sanft mit der Salbe streicht, auf keinen Fall massiert. Gleichzeitig wird morgens und abends ein Rosskastanienpräparat innerlich gegeben.

Das Rote Weinlaub (Folium vitis viniferae) hat eine nachgewiesene venentonisierende Wirkung, bei einer täglichen Tagesdosis von 360 mg des Extraktes.

Der Steinklee, auch Honigklee genannt, fördert ebenfalls die venöse Durchblutung und wird vor allem in Teemischungen angewendet.

Die Zierpflanze Mäusedorn (Ruscus aculeatus), ein im Mittelmeergebiet, Südtirol und in der Südschweiz weit verbreitetes Liliengewächs, hat eine ausgezeichnete gefäßabdichtende und auch entzündungshemmende Wirkung. Es wird als Tinktur oder in Teemischungen verwendet. Äußerlich hervorragend wirkt auch Centella asiatica, das asiatische Tigerkraut, welches in den Tropengebieten Indiens, Laos, Ceylons, Südamerikas und Südafrikas heimisch ist. Nicht nur bei Venenentzündungen, sondern schlechthin bei allen Wunden wirkt die Centella-Salbe durch Förderung der Durchblutung und beschleunigter Bildung des Granulationsgewebes, daher ist sie auch bei Brandwunden angezeigt.

Als Heiltee hat sich in letzter Zeit das Buchweizenkraut (Herba Fagopyri) bewährt, das vor allem durch seinen Rutingehalt die Elastizität der Gefäßwände fördert und die Kapillarbrüchigkeit der Gefäße verhindert. Es kommt als Fagorutintee in den Handel.

Rezeptur für einen Venentee: Hamamelisrinde, Ringelblume, Rosmarin, Waldmeister, Johanniskraut, Steinklee, Raute zu gleichen Teilen.

1 Esslöffel dieser Mischung wird mit einer Schale heißem Wasser übergossen, 15 Minuten ziehen gelassen, abgeseiht und dreimal täglich getrunken.

Diese pflanzlichen Venenmittel werden recht unterschiedlich diskutiert. Von mancher Seite wird Ihnen jegliche Wirkung abgesprochen. Sicherlich kann man damit keine universelle Therapie betreiben und darf keine Heilung des Venenleidens erwarten. Aber die Tonisierung der Venenwand und damit verbunden eine Verminderung der Abgabe von Flüssigkeit ins Gewebe, ist eindeutig belegt. Das bedeutet eine wesentliche Minderung des für die/den Kranken sehr unangenehmen Spannungsschmerzes und das allein rechtfertigt den Einsatz von Heilpflanzen, zumal sie kaum Nebenwirkungen haben und es keinen anderweitigen Ersatz gibt.

Ernährung

- **Reichlich Flüssigkeit**
- **Vitamin E**
- **Fisch**
- **Vegetarische Kost**
- **Abführende Mineralwässer**
- **Milchzucker**

Der Abbau von Übergewicht (→ Band 2 Abnehmen, → Übergewicht) und das Vermeiden von Verstopfung (→ Obstipation) sind zur Vorbeugung, aber auch bei bestehenden Venenerkrankungen empfehlenswert. Allerdings: Bei Neigung zu Thrombosen ist eine schnelle Gewichtsabnahme strikt verboten. Der Gewichtsverlust sollte nicht über 0,5 Kilogramm pro Woche liegen. Eine »Venen-Diät« sollte reichlich Flüssigkeit enthalten, außerdem reich an Vitamin E und an Fisch sein. Die entzündungshemmenden Omega-3-Fettsäuren, die vor allem in fetten Meeresfischen (Lachs) reichlich vorkommen, schützen die Gefäße und die entzündungshemmende Wirkung von hoch dosiertem Vitamin E ist in vielen Studien nachgewiesen. Die Ernährung für den »Venen-Patienten« sollte eher vegetarisch sein, ballaststoffreiche, blähende Speisen sind zu meiden. Kaffee ist in Maßen erlaubt. Unter den Gewürzen sollte man (vor allem wenn Hämorrhoiden vorhanden sind) die scharfen Sorten wie Pfeffer und Chili vermeiden, da diese Stauungen im Mastdarm und Schleimhautreizungen erzeugen können. Wenn Alkohol getrunken wird, eher leichte Weißweine bevorzugen, schwere Rotweine haben eine gefäßerweiternde Wirkung und sind deshalb bei Venenproblemen ungünstig. Wenn man zu Verstopfung neigt, sollte man immer wieder abführende Mineralwässer wie z. B. Karlsbader trinken, oder Milchzucker einsetzen. Eine geregelte Verdauung ist bei Venenproblemen besonders wichtig (→ Obstipation).

Verbrennungen

→ **Homöopathie**

Unter Verbrennung versteht man eine Gewebeverletzung, entweder durch Hitze oder Strahlen, mit Abtötung von Zellen und Gerinnung von Eiweiß. Bei Verbrennungen durch Hitzeeinwirkung unterscheidet man 3 Schweregrade, je nach der Schädigung des betroffenen Gewebes. Weiters ist die Schwere der Verbrennung von der Ausdehnung, bezogen auf die gesamte Körperoberfläche, abhängig. Mehr als 15 % der Hautoberfläche sind für Erwachsene bedrohlich, für Kinder sind bereits etwa 5 – 10 % verbrannte Haut höchst alarmierend. Menschen mit solchen großflächigen Verbrennungen und mit Verbrennungen 3. Grades müssen sofort in ein Krankenhaus gebracht werden, wo sie intensivmedizinisch versorgt werden können. Verbrennungen bei Säuglingen und Kleinkindern sollen grundsätzlich generell sofort im Krankenhaus versorgt werden, dasselbe gilt für Verbrennungen im Gesicht, am Hals und an den Genitalorganen. Die moderne Intensivmedizin verfügt über Techniken, die die Überlebenschancen bei ausgedehnten Verbrennungen erheblich in die Höhe geschraubt haben.

Erste Hilfe

- Wundversorgung
- Kleidungsstücke sofort entfernen
- Schutz gegen Wasserverlust

Zuerst kommt die Überprüfung von Kreislauf und Atmung, danach die Wundversorgung.

Kleine Brandwunden 1. Grades können bis zum Rückgang des Schmerzes unter fließendes kaltes Wasser gehalten werden, um die Hitzeeinwirkung auszugleichen. Ohne Hautdefekt kann auch Kortisonspray als starker Entzündungshemmer verwendet werden. Eine weitere Möglichkeit: Essig, normaler Essig aus der Küche (gleich ob Wein- oder Apfelessig, kein Essigkonzentrat!), wird zur äußerlichen Behandlung verwendet. Dazu ein Tuch mit Essig tränken und auf die Wunde legen. Wenn die Schmerzen zurückkehren, neuerlich das Tuch tränken. Bei kleinen Verbrennungen 1. Grades braucht man sonst nichts zu tun.

Bei Verbrühungen, wie sie sich in der Küche allzu oft ereignen, Kleidungsstücke sofort entfernen, da diese die heiße Flüssigkeit noch speichern.

Großflächige Verbrennungen in der Badewanne kühlen.

Bei Verbrennungen zweiten bis dritten Grades die Wunden mit sterilen Baumwolltüchern, oder besser mit sterilen salbenhaltigen Gazeflächen mit dichter Schutzhülle, gegen Wasserverlust und Eindringen von Bakterien, abdecken. Derartige Fertigverbände sollten in keiner Heimapotheke, besonders nicht in Haushalten mit Kleinkindern, fehlen.

Schwer Brandverletzte, die bei Bewusstsein sind, sollten viel trinken – am besten eine Kochsalzlösung (ein Teelöffel Salz auf 1 Liter Wasser).

Achtung: Bei Verbrennungen zweiten bis dritten Grades keine offenen Brandsalben, keine Öle, keine Hausmittel, welcher Art auch immer, anwenden und raschest in stationäre Behandlung!

Verbrennungen:

1. Grades: *Hautrötungen, sehr berührungsempfindlich und bei Druck Abblassung. Nach 24 Stunden Rückgang der Veränderungen, ohne bleibende Narbenbildung.*

2. Grades: *Massive Hautrötung meist mit Blasenbildung. Ein Teil der Oberhaut ist noch erhalten, nach Abschorfung ist eine spontane Heilung mit Narbenbildung möglich. Die meisten Haushaltsverbrennungen sind Verbrennungen 2. Grades.*

3. Grades: *Alle Hautschichten sind zerstört, die Wunde ist schmerzunempfindlich und hat ein grauschwarzes, ledriges Aussehen. Gelegentlich ist sie weiß und nachgiebig, oder bei geronnenem Blutfarbstoff hellrot. Nach Ablösung des Schorfes tritt der nackte Wundgrund zutage, die Wunde schließt sich nicht, es sei denn die Ausdehnung ist sehr gering. Drittgradige Brandwunden müssen in der Regel durch Hautplastik gedeckt werden.*

Die Fläche der Verbrennungen bezogen auf die Körperoberfläche:

Kopf: *9 %,*
bei Kindern: 18 %

ein Arm: *9 %*

ein Bein: *18 %*

Vorderseite des Rumpfes: *18 %*

Rückseite des Rumpfes: *18 %*

Homöopathie

- Cantharis
- Belladonna
- Apis
- Urtica urens
- Arsenicum album
- Causticum
- Belladonna
- Essig
- Johanniskrautöl

Konsequente Anwendung der natürlichen Prinzipien fördert die Heilung, lindert die Schmerzen und gerade bei Verbrennungen geht alles wesentlich schneller, mit kleinstmöglicher Narbenbildung.

Ist eine weitere Behandlung nötig, müssen Arzneien zur innerlichen Anwendung gegeben werden.

Cantharis, die spanische Fliege, ist das erste Mittel: brennende Schmerzen, Berührung ist schmerzhaft.

Belladonna: Hellrot, pulsierender, klopfender Schmerz.

Kommt es trotz homöopathischer Hilfe zur Blasenbildung oder hat diese schon eingesetzt:

Cantharis – bei großen, den »typischen« hellen Blasen.

Apis: Verschlechterung durch Wärme, auch der warme Raum, aufgequollenes Gewebe.

Urtica urens: Die Brennnessel, Besserung durch Wärme, bei Jucken und Brennen. Die Blasen auf der Haut in Ruhe lassen!

Gewebsuntergang, Gangrän: Innerlich kommen **Arsenicum album** oder **Causticum** in Frage (unbedingt einen erfahrenen Homöopathen zu Rate ziehen!).

Nachbehandlung: Zur Vermeidung der nach Verbrennungen sehr häufigen Narben hat sich Causticum in einer höheren Potenz (LM_{18}, D_{30}, C_{30} usw.), die vom erfahrenen homöopathischen Arzt verabreicht wird, bewährt.

Verbrennungen im Mund durch zu heiße Speisen: Auch da ist das erste und einfachste Mittel Essig. Drei-, viermal hintereinander mit Essig den Mund ausspülen – sehr schnell wird der Schmerz verschwunden sein. Eventuell, falls noch nötig, innerlich Cantharis oder Apis. Bei schwereren Verbrennungen ärztliche Behandlung.

Sonnenbrand

Vor allem die Prophylaxe steht an oberster Stelle, denn jeder Sonnenbrand erhöht das Risiko ein → Melanom zu bekommen.

Auch der Sonnenbrand ist nichts anderes als eine leichte bis mittlere Verbrennung (1., selten 2. Grades) und wird, wie unschwer zu verstehen, behandelt wie diese! Das erste Mittel ist wieder der Essig. Die geröteten, brennenden Stellen mit Essig abtupfen. Bei Bedarf öfter wiederholen. Wenn kein Schmerz mehr da ist, kann Johanniskrautöl aufgetragen werden. Meiden Sie jedoch unmittelbar danach die Sonne. Johanniskrautöl kann auf der Haut unter Umständen Flecken hervorrufen. Selbstverständlich haben sich auch andere pflegende Öle oder Cremen bewährt. Probieren Sie aus, was Sie gut vertragen.

Von homöopathischer Seite: **Apis, Belladonna, Cantharis, Urtica urens** sind häufig gebrauchte Mittel, um die Heilung des Sonnenbrandes von innen zu unterstützen. Beschreibungen finden Sie bei den Verbrennungen.

Sonnenbrand sollte man vermeiden!

- *Sonnenschutzmittel verwenden.*
- *Von 11 bis 15 Uhr die pralle Sonne meiden.*

Durch die dünner werdende Ozonschicht steigt die Sonnenbrand-Gefahr.

Vergiftungen

Vergiftungen mit Arzneimitteln (Schlafmitteln), Chemikalien, Drogen, Alkohol, bei Kindern mit Haushaltsreinigern kommen häufig vor. Zunächst: Notarzt verständigen, dann bei der Vergiftungsinformationszentrale nachfragen, was man bis zum Eintreffen der Helfer tun soll. Wenn Verdacht auf Vergiftung besteht, Arzneimittelpackungen, Putzmittel oder andere Giftstoffe, die in Verdacht stehen, sicherstellen. Erbrochenes zur Analyse bereithalten.

Bei Vergiftungen mit Säuren oder Laugen reichlich Wasser zu trinken geben. Kein Erbrechen auslösen.

Bei anderen Vergiftungen kann es hilfreich sein, Kohletabletten zu geben, da diese die Giftstoffe binden und die Verteilung des Giftes verlangsamen.

Bei Alkohol und Schlafmitteln Erbrechen auslösen, wenn der Betroffene noch bei vollem Bewusstsein ist. – Am besten ist in jedem Fall, sofort die immer erreichbare, zuständige Vergiftungsinformationszentrale zu kontaktieren und spezielle Anweisung zu erfragen.

Vergiftungsinformationszentralen

Giftnotruf Wien

Tel. im Notfall:
01 / 406 43 43

Allgemeine Auskünfte:
01 / 40 400 2222

Internet:
www.akh-wien.ac.at

Giftnotruf Berlin

Tel. im Notfall:
0 30 / 19 240

Allgemeine Auskünfte:
0 30 / 30 68 67 11

Internet:
www.giftnotruf.de

Giftnotruf Zürich

Tel. im Notfall:
01 / 25 15 151

Allgemeine Auskünfte:
01 / 25 16 666

Internet:
www.toxi.ch

Weitere Vergiftungszentralen in Deutschland:

www.vergiftungszentrale.de/vergz.html

Verstauchungen

→ **Kneipp** → **Homöopathie**
→ **Akupressur**
→ **Heilpflanzen**

Unter Verstauchung (= Verrenkung, = Distorsion) versteht man eine akute Verletzung des Weichteilapparates eines Gelenks mit Überdehnung und eventuell teilweisem Einriss bei Erhalt der knöchernen Gelenkanteile. Diesbezüglich gefährdet sind vor allem Gelenke, die nicht nach allen Richtungen beweglich sind: z. B. das Sprunggelenk (durch Umknicken), das Kniegelenk (häufige Sportverletzung), das Handgelenk (durch Fallen auf die gebeugte Hand). Beim Schultergelenk, einem nach allen Seiten hin beweglichen Kugelgelenk, ist es die über die anatomischen Grenzen hinausgehende abrupte Bewegung. Symptome des verstauchten Gelenks sind: der plötzlich und bei bestimmten Bewegungen immer wieder auftretende Schmerz, Schwellung, Bewegungseinschränkung, äußere Blutergüsse und eventuell Erguss im Gelenk. Da eine Verstauchung manchmal nach den Symptomen nicht von einem Bruch, einem totalen Bänderriss, einer anderen Verletzung oder Erkrankung des Gelenks zu unterscheiden ist, empfiehlt es sich, bei jeder Gelenkverletzung einen Arzt zu konsultieren, der die nötigen Untersuchungen zur Klärung des Verletzungsumfanges sowie die nötigen unfallchirurgischen Maßnahmen veranlasst.

Kneipp

- Kryotherapie
- Bewegungsübungen
- Massage

Bei jeder akuten Verletzung ist Kälte – möglichst sofort – angezeigt. Kalte Umschläge, versetzt mit essigsaurer Tonerde, kalte Lehmwasserauflagen und Quarkwickel sind hilfreich.

Am besten wirkt die Kryotherapie. Auflagen werden in Eiswasser getaucht oder man verwendet fertige Kältepackungen (→ Band 6, Kryotherapie). Die Kälte nimmt die Schmerzen, die Blutgefäße verengen sich, der Erguss wird gebremst und die Schwellung geht zurück. Die verletzte Gliedmaße hochlagern.

Erst nach Abheilung der akuten Verletzung, bzw. Aufhebung einer therapeutischen Ruhigstellung, werden wieder Bewegungsübungen gemacht und leichte Massage hilft, die Muskulatur zu kräftigen und die Durchblutung in der verletzten Region zu verbessern.

Homöopathie

- Arnika
- Giftsumach

Dr. Klaus Bielau, erfahrener Homöopath, weist darauf hin, dass eine Schwellung, eine Wasseransammlung, ein guter Boden für verstärkte Lebensprozesse und Regeneration ist. Bei Gebrauch der richtigen Homöopathika wird es nach einer Verletzung nicht zu übermäßigen Schwellungen kommen.

Arnika: Nach Verletzung oder Überanstrengung bei (vor allem) robusten Naturen. Jede Bewegung verschlimmert die Schmerzen. Berührungsempfindlich; hat Angst, es könnte jemand beim Vorbeigehen das schmerzende Gelenk streifen. Bett fühlt sich viel zu hart an.

Der **Giftsumach**, Rhus toxicodendron, typisch dafür: Schmerzen am Beginn einer Bewegung, Besserung bei fortgesetzter Bewegung, Wärme ist wohltuend.

Akupressur

- MP 9
- M 36
- B 60
- Lu 9
- Lu 7
- Dü 5
- Le 8
- G 34
- MP 6
- Lu 10
- Di 4

Akupressur wirkt bei Schmerzen durch Verletzungen etwas lindernd als erste Hilfe. Allerdings darf dadurch eine notwendige Ruhigstellung nicht unterdrückt werden. Wichtig für die Wahl der richtigen Punkte ist die Lokalisation der Schmerzen.

Verstauchtes Knie: Seitliche Schmerzen im verstauchten Kniegelenk sprechen auf eine Massage der lokalen Schmerzpunkte MP 9 und Le 8 an. 2 lokale Punkte beiderseits der Kniescheibe in der Vertiefung, die so genannten Knieaugen, sind für Schmerzen im vorderen Bereich des Gelenks zuständig. Dazu kommen noch die vorderen Punkte M 36 und G 34. Als Fernpunkt ist der Hauptschmerzpunkt B 60 sinnvoll.

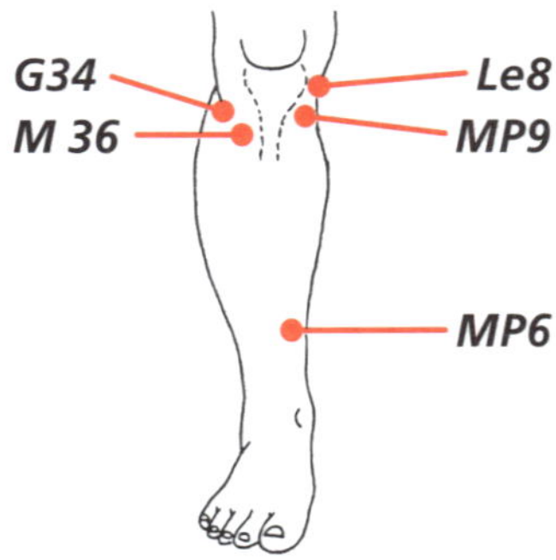

Verstauchtes Fußgelenk: Der Punkt MP 6 hilft bei Schwellungen, die Schmerzen bekämpft man mit dem Punkt B 60.

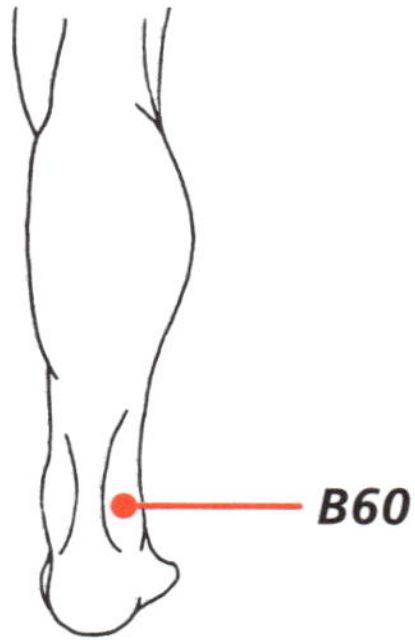

Verstauchtes Handgelenk: Es hängt wieder davon ab, wo die Schmerzen lokalisiert sind. Lu 9 und Lu 10 wählt man, wenn der Schmerz an der Daumenseite der Handgelenkfalte sitzt. Lu 7 und Di 4 wählt man, um den Energieausgleich zwischen den Meriadianen herzustellen und Dü 5 massiert man, wenn der Schmerz eher an der Kleinfingerseite liegt.

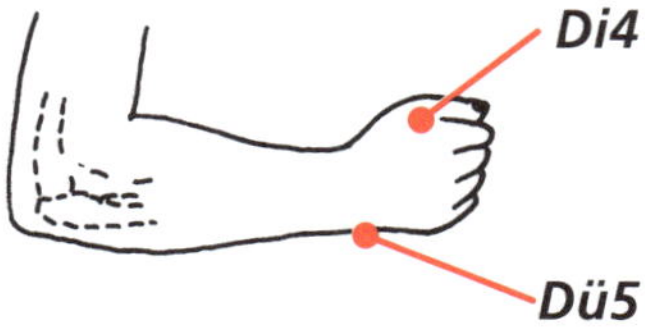

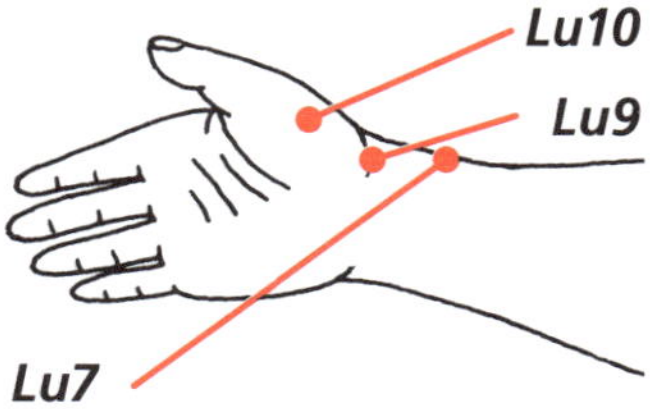

Heilpflanzen

- Arnika-Tinktur
- Beinwellsalbe
- Kältepackungen
- Sportgels
- Kohlwickel

Bei Verstauchungen kann man Arnika-Tinktur auf das verletzte Gelenk auftragen; desgleichen hat sich die Beinwellsalbe aus der Apotheke gut bewährt. Neben den Kältepackungen bekommt man in der Apotheke auch zahlreiche Sportgels, die kühlend, abschwellend und schmerzlindernd wirken.

Ein altes Hausmittel bei geschwollenen Gelenken ist der Kohlwickel – man walzt große Kohlblätter, aus denen man die harten Blattteile herausgeschnitten hat, bis Saft austritt. Die so vorbereiteten Blätter wickelt man um das Gelenk und befestigt das Ganze mit einem Wickel.

Verstopfung

→ Obstipation

Vitiligo (Weißfleckenkrankheit)

→ Lebensstil

Die Ausbildung dieser weißen, pigmentlosen Hautflecken kann unterschiedlich sein. Sie kann von wenigen Flecken bis zum totalen Verlust des Hautpigments (Albino) reichen. In den betroffenen Bereichen fehlen die Melanozyten, die in der normalen Haut für die Bildung des Melanins, des Pigments, das der Haut die mehr oder weniger bräunliche Farbe verleiht, zuständig sind.

Die Ursache ist nicht geklärt, eine gewisse Rolle der Vererbung ist allerdings sicher, für immunologische Faktoren sprechen einige Beobachtungen und außerdem kommt die Weißfleckenkrankheit häufiger bei Schilddrüsenerkrankungen und Diabetes vor. Äußerliche Hautreize, wie z. B. Sonnenbrand, können zum Erscheinen eines neuen Vitiligobereichs führen, die pigmentbildenden Zellen verschwinden plötzlich.

Die auf kosmetische Korrekturen ausgerichtete Behandlung sollte man dem erfahrenen Hautarzt überlassen. Nur mit bestimmten Medikamenten, in Verbindung mit ultraviolettem Licht (UVA), in speziellen Bestrahlungsanlagen (PUVA), kann eine gewisse Hilfe erwartet werden. Allerdings nur mit großer Ausdauer, denn es sind 100 bis 200 Behandlungsgänge erforderlich. Es ist dies eine Photochemotherapie, wobei die Haut chemisch gegen die UVA-Strahlen sensibilisiert wird. Je weiter ein Herd von der Körpermitte entfernt ist, desto schlechter spricht er auf die Behandlung an. Aus Südostasien wurde über gewisse Erfolge mit einem Präparat aus dem menschlichen Mutterkuchen berichtet, doch fehlen hier noch gründlichere Untersuchungen.

Lebensstil

- **Vermeidung von Sonne**
- **Betakarotin-Kapseln**
- **Spezial-Make-ups**
- **Dihydroxyaceton**

Das Wichtigste ist die absolute Vermeidung von Sonnenbestrahlung der durch kein Pigment geschützten Hautpartien. Wenn man sich der Sonne aussetzt, muss entweder ein abdeckendes Make-up oder ein Sunblocker verwendet werden. Einen Versuch wert ist die Einnahme von Betakarotin-Kapseln, die eine leichte Färbung der weißen Flecken bewirken können. Weiße Flecken im Gesicht oder am Dekolleté lassen sich mit einer so genannten Camouflage abdecken, das ist ein wasserfestes Spezial-Make-up, das durch Wasser und Schweiß nicht abgelöst wird. Auch normale wasserfeste Make-ups, wie sie im Handel erhältlich sind, haben eine höhere Deckkraft und bieten gleichzeitig ein sehr guten UV-Schutz. Eine weitere Möglichkeit ist die Anfärbung der Hautoberfläche mit Dihydroxyaceton, das mit der Hornschicht unter Bildung dunkler Farbe reagiert. Diese Färbung hält mehrere Tage.

Wadenkrämpfe

- **→ Ernährung**
- **→ Akupressur**

Wadenkrämpfe sind länger anhaltende, schmerzhafte Muskelkontraktionen.

Die Ursache ist ein Sauerstoffmangel in der Muskulatur (durch sehr anstrengenden Sport und damit überdurchschnittlichen Sauerstoffbedarf ausgelöst) oder eine ungenügende Sauerstoffzufuhr durch eine arterielle Durchblutungsstörung. Dritte Ursache kann ein schlechter Abtransport venösen Blutes durch ein mangelhaft funktionierendes Venensystem sein. Letzteres führt vor allem zu den nächtlichen Wadenkrämpfen, wenn die Muskelpumpe die Entleerung nicht unterstützt (→ Venenerkrankungen). Die arteriellen Durchblutungsstörungen führen zu den charakteristischen Belastungskrämpfen, die beim Gehen zum Anhalten zwingen (→ Durchblutungsstörungen, arteriell, peripher). Venenerkrankungen und arterielle Durchblutungsstörungen müssen ursächlich behandelt werden.

Wenn der Krampf während des Sports auftritt, dann löst man ihn, indem man die Wadenmuskulatur vorsichtig dehnt und den Vorfuß in Richtung Knie drückt.

Ernährung

- Viel Flüssigkeit
- Magnesium
- Kalzium

Um das Auftreten von Wadenkrämpfen während der Sportausübung zu verhindern, sollte man den Flüssigkeits- und Mineralstoffverlust rasch ausgleichen, indem man viel trinkt und dem Körper Magnesium und Kalzium zuführt. Außerdem sollen die eigenen Grenzen beachtet werden.

Akupressur

- KS 9
- KS 7
- G 34
- B 57
- KS 6
- Lu 9
- G 37
- Le 3

Durchblutungsstörungen bzw. Gefäßkrämpfe: Der Kreislaufmeridian unterstützt die Kreislauffunktion.

Der Punkt KS 9 an der Fingerspitze des Mittelfingers sowie KS 6 und KS 7 an der Handgelenkfalte sind auf das gesamte Gefäßsystem wirksam. Dazu massiert man noch den Punkt Lu 9, der besonders bei Gefäßschmerzen in den Beinen wirksam ist.

An den Beinen kann man mit Punkten auf dem Gallenmeridian G 34 und G 37 die Zirkulation fördern. G 34 liegt unter dem Wadenbeinköpfchen in einer Vertiefung. G 37 liegt 5 Finger oberhalb des äußeren Knöchels.

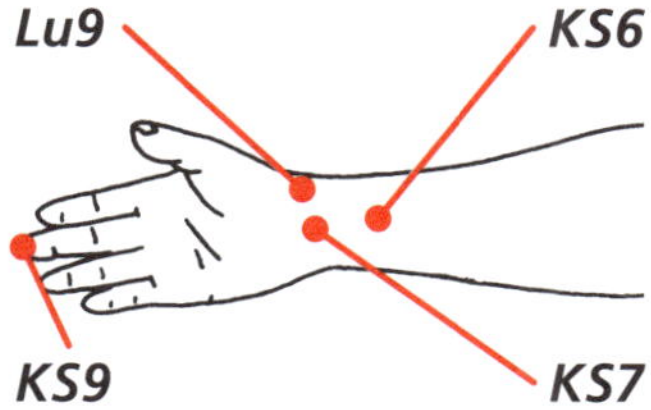

Wadenkrämpfe der Sportler: An der Wadenmitte befindet sich der Punkt B 57 in einem Muskelspalt. Diesen massiert man kräftig, dazu noch den Punkt Le 3 am Vorfuß zwischen dem 1. und 2. Mittelfußknochen, 2 Daumenbreit von der Zehenfalte aufwärts. Diese beiden Punkte werden sehr kräftig massiert, bis der Krampf aufhört.

Nächtliche Wadenkrämpfe: Hier genügt oft der Punkt Le 3, kräftig massieren.

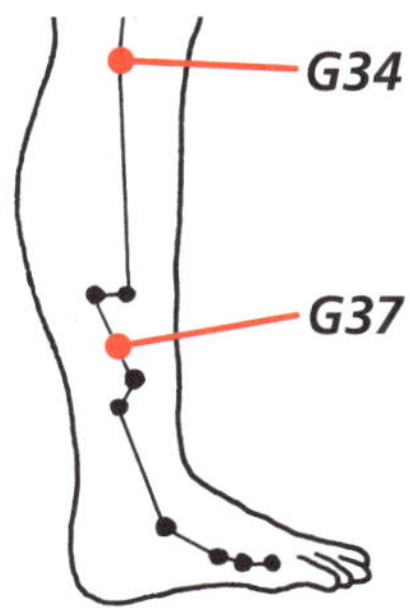

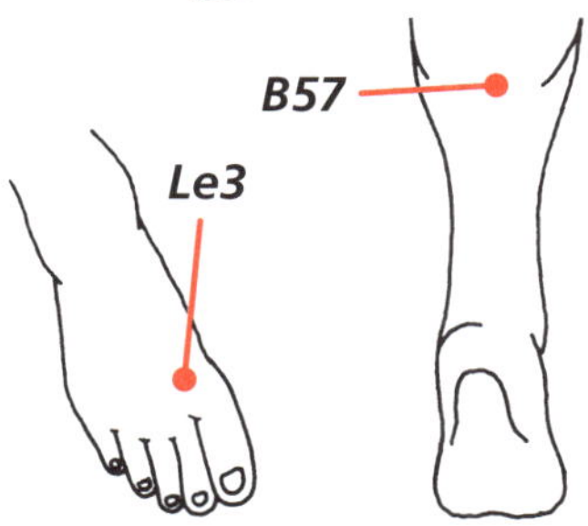

Warzen

- Hausmittel
- Homöopathie

Warzen werden durch über 60 verschiedene Typen des menschlichen Papillomavirus (humanes Papillomavirus = HPV) verursacht. Obwohl die Erreger bekannt und in Speziallabors identifizierbar sind, sind noch viele Fragen über die Infektion und den Verlauf offen. Die Viren befinden sich in der Oberhaut und regen dort lokal zu vermehrter Hornbildung an; gelegentlich auf Basis kleiner Hautverletzungen.

Warzen sind durch Kontakt ansteckend, auch auf den Träger selbst. Beim Betroffenen ist außerdem eine gewisse Neigung zur Warzenbildung zu bemerken. Immunologische Probleme sind noch wenig geklärt, einschließlich unvermittelter Spontanheilungen.

Warzen treten gehäuft von der Pubertät bis zum 30. Lebensjahr auf und heilen oft spontan wieder ab. Wenn sich Warzen besonders reichlich ausbreiten und groß werden, sollte immer auch an einen Immundefekt gedacht werden. Stress und psychische Belastung fördern das Entstehen von Warzen.

Man unterscheidet nach ihrem Erscheinungsbild:

Stachelwarzen: *Meistens bei Kindern und Jugendlichen, an Fingern, im Nagelbereich und im Gesicht, erhaben, bräunlich bis hautfarben. Verschwinden meist nach einigen Jahren spontan.*

Dornwarzen: *Auf den Fußsohlen, sehen wie eine Hornhautverdickung aus, haben einen schwarzen Punkt, die Infektion erfolgt meist in Schwimmbädern.*

Dellwarzen: *Erbsengroß mit zentraler Eindellung, enthalten besonders viele Warzenerreger.*

Feigwarzen: *befinden sich meist im Genital- oder Analbereich, sind durch Sex übertragbar und können auch Vorstufen zu krebsigen Veränderungen sein. Feigwarzen müssen unbedingt vom Hautarzt entfernt werden.*

Der Hautarzt entfernt die Warzen auf mehrere Arten:

In Lokalanästhesie wird die Warze mit einem scharfen Löffel möglichst tief ausgeschabt. Mittels Elektrokaustik oder Laser werden die Warzen »verkocht«. Das hinterlässt allerdings meist Narben.

Mit flüssigem Stickstoff werden die Warzen betupft. Dieser ist sehr kalt (-157° C) und verursacht eine Erfrierung der Warzen. Danach bildet sich eine Blase, die Warze ist das Blasendach und kann dann 24 Sunden später mit einer Schere entfernt werden. Muss eventuell wiederholt werden. Weiters gibt es eine Reihe verschiedener Salben und Lösungen, die lokal aufgetragen die Warzen zerstören, sodass sie dann abgetragen werden können. Die Warzen an den Fußsohlen werden vornehmlich mit »Warzenpflaster« erweicht und dann entfernt. Darüber hinaus gibt es – keineswegs selten – immer wieder Spontanheilungen.

Hausmittel

- Salizylsäure
- konzentrierte Ameisensäure
- Warzenstifte
- Warzentinkturen
- Löwenzahnmilch
- Schöllkraut
- Rizinusöl

Unzählige Volksmittel werden seit jeher gegen Warzen angewandt, vom »Besprechen« – oft über große Entfernungen (!) – bis zum Auftragen geheimer Tinkturen. Vom plötzlichen Abfall bei Schockerlebnissen und bei Hypnose wird immer wieder berichtet.

Ein Hausmittel ist das Auftragen von Salizylsäure oder konzentrierter Ameisensäure.

Es gibt auch Warzenstifte und Warzentinkturen in der Apotheke, mit denen man den Warzen zu Leibe rücken kann. Man muss darauf achten, die Haut um die Warze gut mit Vaseline einzucremen, damit die ätzenden Substanzen keinen Schaden an der gesunden Haut anrichten. Die Behandlung muss länger durchgeführt werden.

Eine andere Möglichkeit aus der Volksheilkunde ist das Betupfen der Warzen mit Löwenzahnmilch oder mit dem Milchsaft des giftigen Schöllkrauts (nicht für Kinder!).

Auch Rizinusöl galt seit jeher als Warzenmittel, die Warzen werden mehrmals täglich betupft.

Homöopathie

- Calcarea
- Causticum
- Dulcamara
- Mercurius corrosivus
- Nitricum ac
- Sulfur
- Thuja

Die Homöopathie versteht auch die Warzen als Reaktionen des Körperinneren und rät, durch eine körperliche Reiztherapie (Kneipp!) die innere Regulation anzuregen.

Die wichtigsten homöopathischen Mittel bei Warzen sind: Calcarea, Causticum, Dulcamara, Mercurius corrosivus, Nitricum ac, Sulfur, Thuja.

Wechselbeschwerden

→ Ernährung → Akupressur
→ Homöopathie
→ Heilpflanzen → Kneipp

Die Wechseljahre umfassen die Zeit der Umstellung des weiblichen Körpers von der fruchtbaren Phase zur hormonalen Ruhephase. Dazu kommen in dieser Lebensphase auch meist andere einschneidende Ereignisse – die Kinder werden erwachsen, man spürt deutlicher das Älterwerden, oft stehen berufliche Veränderungen an, man ist nicht mehr so stressfest und körperliche Beschwerden machen sich da und dort bemerkbar.

Die Fortschritte der Medizin haben es ermöglicht, dass ein Großteil der Frauen mehr als ein Drittel ihres Lebens nach der Geschlechtsreife verbringt.

Die Menopause – mit diesem Begriff wird das Leben nach der letzten Regelblutung definiert – trifft viele Frauen schwer. Das Klimakterium beginnt einige Jahre vor der Menopause, wo die Eierstockfunktion allmählich nachlässt und die Produktion von Östrogen und Progesteron abnimmt. Zyklusstörungen und vegetative Veränderungen kündigen die Menopause an.

Die hormonellen Veränderungen ziehen eine Reihe körperlicher und seelischer Veränderungen nach sich. Die berüchtigten Hitzewallungen entstehen durch hormonell bedingte kurzzeitige Erweiterung der subkutanen Gefäße und damit steigt die Hauttemperatur. Wie ein Vulkanausbruch steigt die Hitze auf und die brennende Röte wird zuerst am Hals, dann auch im Gesicht verspürt, oft treten Schweißperlen an der Oberlippe und im Halsbereich auf.

Leistungsverlust, Müdigkeit, Schlafstörungen, Kopfschmerzen, Spannungsgefühl in den Brüsten, Herzjagen und Reizbarkeit vervollständigen die Liste der möglichen belastenden Beschwerden.

Die Symptome können sich bereits einige Jahre vor dem Ausbleiben der Regelblutung ankündigen und noch einige Jahre, gelegentlich auch mehrere Jahre nach der letzten Menstruation bestehen bleiben. Rund 80 % der Frauen leiden an Hitzewallungen und anderen Symptomen, bei einem Viertel der Frauen dauern die Erscheinungen länger als 5 Jahre an.

Warum die Wechselbeschwerden so unterschiedlich sein können und manche Frauen extrem darunter leiden, während sie andere kaum registrieren, liegt nicht nur an der Einstellung zum Älterwerden, sondern auch daran, wie viel Östrogen noch gebildet wird. Sexualhormone stammen nicht nur von den weitgehend erloschenen Eierstöcken, sondern auch im Fettgewebe werden Östrogene aus Hormonvorstufen gebildet. Schließlich wird der Östrogenmangel zu einem Großteil für die Veränderungen verantwortlich gemacht. Ihn trifft auch die Hauptschuld an der Entstehung der → Osteoporose und daran, dass Frauen in Bezug auf das Herz-Kreislauf-Risiko nach der Menopause deutlich gegenüber Männern aufholen.

Die Frage der Hormonersatzpräparate muss neuerdings von mehreren Seiten diskutiert werden. Durch die Hitzewallungen erhöht sich z. B. der Blutdruck. Bluthochdruck und Herz-Kreislauf-Erkrankungen bis zu Herzinfarkt und Schlaganfall treten bei Frauen, die Wechselbeschwerden mit Hormonen behandeln, seltener auf. Das Osteoporose- und Bruchrisiko verringert sich unter der Hormontherapie, wobei es hier auch hervorragende Behandlungsalternativen gibt. Manche Frauen kommen ohne Hormontherapie gut aus, andere bevorzugen Alternativen, obwohl für sie aus medizinischer Sicht eine Hormonbehandlung günstig wäre. Manche Frauen brauchen nur vorübergehend Hormonersatz. Die jeweils passende Therapie muss für jede Frau individuell nach ausführlicher Beratung durch den Frauenarzt unter Berücksichtigung der medizinischen Indikationen, der Anamnese, der Familiengeschichte, des Lebensstils (Rauchen, Alkohol), der gynäkologischen Untersuchung und der persönlichen Bedürfnisse gefunden werden. Das Therapieziel ist eine Verbesserung der Lebensqualität. Therapeutisch eingesetzt werden Östrogen-Gestagen-Kombinationen entweder simultan (gleichzeitig) oder in 2 Phasen, was eine Regel-ähnliche Ersatzblutung provoziert. Kontraindikationen für Hormonersatztherapie sind hormonabhängige Tumoren der Brust, der Gebärmutterschleimhaut, ein Melanom, thromboembolische Prozesse und nicht geklärte Blutungen sowie schwere Herz-, Leber- und Nierenerkrankungen. Zuckerkrankheit, schweres Übergewicht, Bluthochdruck und Gallenwegserkrankungen können ein relatives Risiko darstellen.

Die häufigsten Wechselbeschwerden:

- *Wallungen mit Schweißausbrüchen*
- *Herzbeschwerden, vornehmlich Herzklopfen*
- *Schlafstörungen, sowohl Einschlaf- als auch Durchschlafstörungen*
- *Blasenbeschwerden (Reizblase)*
- *Depressive Verstimmungen*
- *Nervosität*
- *Libidoverlust*
- *Trockenheit der Scheide*
- *Gelenk- und Muskelbeschwerden*

Ernährung

- **Vitamin D**
- **Vitamin B**
- **Kalzium**
- **Nährstoffergänzungen**
- **Sojaprodukte**

Während der Wechseljahre und danach reduziert sich der Kalorienbedarf auf etwa zwei Drittel einer 20-Jährigen. Da man weniger essen sollte, muss man besonders auf Qualität der Nahrung achten, um genügend Vitamine, Mineralstoffe und Schutzstoffe, deren Bedarf eher ansteigt, aufzunehmen. Besonders wichtig sind die Vitamine D und jene der B-Gruppe sowie Kalzium. Wenn man das Gefühl hat, dass die Ernährung unausgewogen ist, sollte man den Arzt fragen, ob eine Nährstoffergänzung sinnvoll ist. Wenn zweckmäßig, sollte den Mischpräparaten gegenüber den Einzelsubstanzen der Vorzug gegeben werden.

Beachtenswert: Wenn jemandem keine Hormone zur Linderung der Wechselbeschwerden zugeführt werden, ist der Kalziumbedarf mit 1.500 mg pro Tag deutlich höher als wenn Hormone ersetzt werden, dann genügen 1.000 mg Kalzium täglich! Da Vitamin D in den Kalziumstoffwechsel eingreift, ist auch die Zufuhr dieses Vitamins sehr wichtig, allerdings kann dies durch täglichen Aufenthalt in der Sonne kompensiert werden. Ein besonderes Thema für Frauen sind Sojaprodukte, die Pflanzenschutzstoffe mit einer östrogenähnlichen Wirkung enthalten (so genannte Phytoöstrogene). Wie sich eine sojareiche Ernährung auf das Befinden in den Wechseljahren und in der Menopause auswirkt, wurde allerdings noch nicht über einen längeren Zeitraum untersucht. Obwohl nur milder Östrogeneffekt vorhanden ist, wird bei Brustkrebs oder bei Therapie mit Tamoxifen von einer sojareichen Ernährung abgeraten. Östrogene aus Pflanzen kommen nicht nur in Soja, sondern auch Kichererbsen, Rotem Klee (Isoflavone) und in Linsen, Getreidekörnern, heimischen Früchten und Gemüsesorten (Lignane) vor.

Wenn Phytohormone bereits ab der Kindheit regelmäßig mit dem Essen aufgenommen werden, bieten sie nach Erkenntnissen aus dem Fernen Osten einen optimalen Schutz für das Brust- und Prostatagewebe. Deshalb leiden Japaner/-innen, die sich sojareich ernähren, wesentlich seltener an Prostata- bzw. Brustkrebs. Auch das Osteoporoserisiko ist für Asiaten/Asiatinnen geringer.

Akupressur

- ▲ MP 6
- ▲ MP 9
- ▲ N 6
- ▲ Di 4
- ▲ G 3
- ▲ B 23
- ▲ B 32
- ▲ M 25

Die Chinesen empfehlen Frauen in den Wechseljahren tägliches Bürsten der Innenseite der Beine von unten nach oben bis zum Bauch. Statt einer Bürste kann auch mit der Hand kräftig gestrichen werden. Anschließend die Rückseite und das Kreuz massieren bzw. bürsten.

Folgende Punkte sind zu drücken:

MP 6 – vier Querfinger oberhalb der Spitze des inneren Knöchels am Hinterrand des Schienbeines.

MP 9 – an der Innenseite des Knies, knapp unterhalb des Schienbeinvorsprunges.

N 6 – knapp unter dem Innenknöchel.

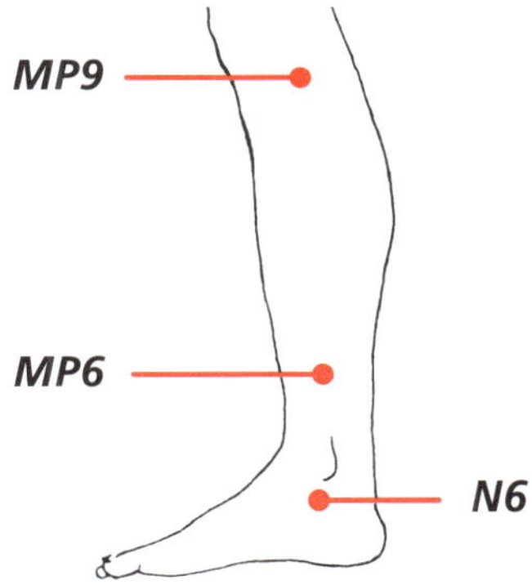

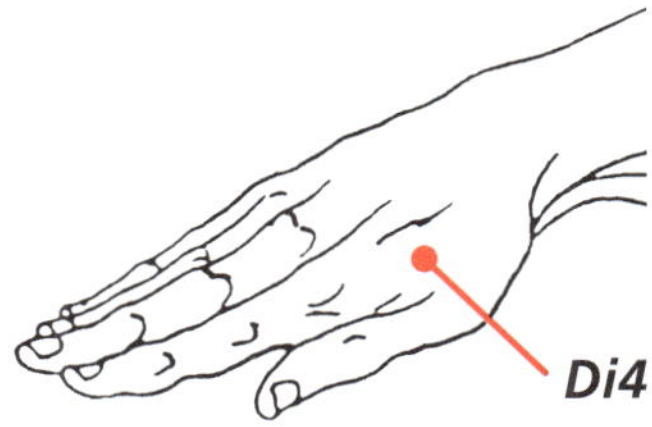

Di 4 – pressen Sie Daumen und Zeigefinger fest gegeneinander. An der höchsten Stelle des Muskelwulstes, der sich bildet, liegt der gesuchte Punkt. Gegen den Mittelhandknochen in der Verlängerung des Zeigefingers drücken.

Die folgenden Punkte sollen lokal erwärmt werden (Moxazigarre oder Zigarette):

G 3 – ein Querfinger oberhalb des oberen Randes des Jochbeines.

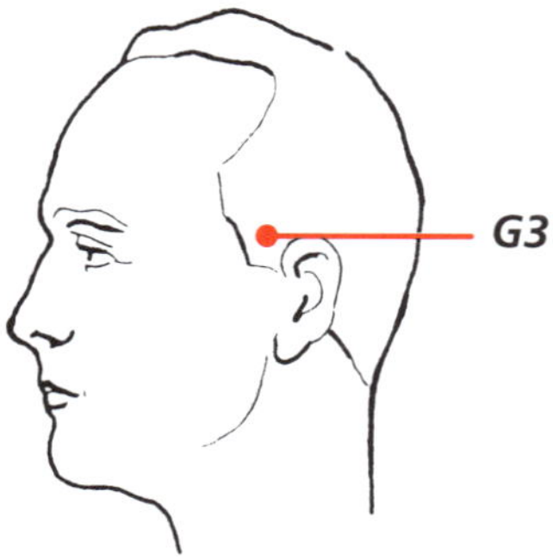

B 23 – in Höhe des 2. Lendenwirbeldornfortsatzes, zwei Querfinger seitlich der hinteren Mittellinie. Suchen Sie den 4. Lendenwirbeldornfortsatz in Höhe des Beckenoberrandes und zählen Sie dann zwei Knochenzacken nach oben.

B 32 – im 2. Sakralloch.

M 25 – zwei Querfinger seitlich des Nabels.

Auch die erwähnten Punkte MP 9 und MP 6 sollen jeden zweiten Tag rund 30 Sekunden lang erwärmt werden.

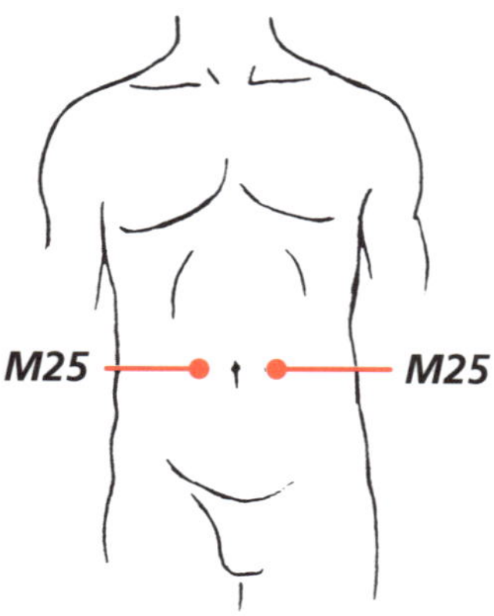

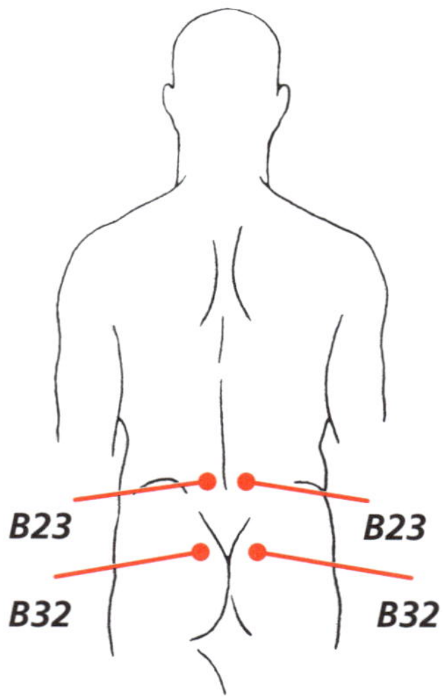

Homöopathie

- Sepia
- Natrium muriaticum
- Lachesis
- Sulfur
- Cimicifuga
- Ignatia
- Pulsatilla
- Aristolochia
- Conium
- Crotalus cascavella
- Manganum
- Murex
- Nux vomica
- Phosphor
- Psorinum
- Samarium
- Sanguinaria

Gibt es die typischen Wechselbeschwerden (Schweißausbrüche, Hitzewallungen, Müdigkeit, Blutungen, Myome oder Depressionen, Gereiztheit, Launenhaftigkeit usw.) und bekommen diese Krankheitswert, bietet die Homöopathie als physiologische Heilkunde ausreichend Arzneimittel, die meist rasch und milde ein ausgeglichenes Funktionieren des Organismus, somit Wohlbefinden im Rahmen der Möglichkeiten (= Gesundheit) wieder ermöglichen.

Einige Vorschläge zur homöopathischen Behandlung.

Sepia: Rückzug aus der Familie, Abneigung gegen Trost, den Ehemann, Melancholie, grundloses Weinen.

Natrium muriaticum: Depression, gebeugtes Wesen. Trockenheit aller Schleimhäute, Trost verschlimmert.

Lachesis: Redefluss. Globusgefühl im Hals. Hals und Taille berührungsempfindlich. Besserung durch frische Luft, nach Schweißausbrüchen. Hitzewallungen, heißes Schwitzen, v. a. nachts. Grundlose Eifersucht. Alles ist schlimmer nach dem Schlaf.

Sulfur: Oft erstes Mittel bei Behandlung der Beschwerden, besonders wenn nur körperliche vorhanden sind. Hitzewallungen, Schweißausbrüche, nachts heiße Füße oder Fußsohlen. Hautjucken.

Cimicifuga: Gefühl, als läge eine schwere Wolke über dem Kopf. Tiefe Depression, Ängstlichkeit. Herzbeschwerden, Muskelschmerzen.

Ignatia: Folgen von Kummer, brütet über Problemen. Bedürfnis nach dauernder Veränderung. Schlimmer nach dem Essen, Kaffee und äußerer Wärme. Besserung durch Ablenkung, Wechsel, »angenehme Gesellschaft« (Voegeli).

Pulsatilla: Launenhaftigkeit, weint schnell und leicht, kommt sich ganz verlassen und verloren vor, hat immer zu wenig Aufmerksamkeit. Venenprobleme. Empfindlicher Magen. Unverträglichkeit von Fett. Schnell zu heiß, braucht lebensnotwendig frische Luft. Schlimmer in geschlossenen Räumen.

Weitere Arzneien: Aristolochia, Conium, Crotalus cascavella, Manganum, Murex, Nux vomica, Phosphor, Psorinum, Samarium, Sanguinaria.

Grenzen: Wurden die künstlichen Hormone jahrelang zugeführt, dann kann es nach Absetzen der Medikamente zu Problemen kommen, da unter Umständen die Eigenregulation nicht einsetzen kann. Die Homöopathika können dann anfänglich eine gewisse Zeit unwirksam sein und es braucht Geduld, bis die normalen körpereigenen Abläufe wieder einsetzen.

Heilpflanzen

- Teemischungen
- Traubensilberkerze
- Maca-Wurzel
- Mönchspfeffer

Zur allgemeinen Linderung der Beschwerden sei folgender Frauen- und Wechseltee angeführt:

Rezeptur: Hopfen 30 g, Frauenmantel, Taubnesselblüten, Gänsefingerkraut, Johanniskraut, Mönchspfeffer je 15 g. 1 Esslöffel Teemischung wird mit einer Tasse heißem Wasser übergossen, 10 Minuten ziehen gelassen, abgeseiht und bei Bedarf dreimal täglich eine Schale Tee getrunken.

Mit der folgenden Teemischung können die Beschwerden der Wechseljahre langfristig erträglich gestaltet werden, wenn diese Heilkräuter allein oder ergänzend zur ärztlichen Therapie Verwendung finden: Taubnessel, Schlehdorn, Frauenmantel, Hirtentäschel, Ackerschachtelhalm, Johanniskraut, Schafgarbe, Vogelknöterich zu gleichen Teilen. 1 gehäuften Esslöffel dieser Mischung mit 1/4 l siedendem Wasser überbrühen, 10 Minuten zugedeckt ziehen lassen. Zweimal täglich eine Tasse trinken.

Noch eine Rezeptur: Pfingstrosen, Sandelholz je 1,5 g, Birken, Pfefferminze, Odermennig, Hirtentäschel je 4 g, Bärentraubenblätter, Süßholz, Hauhechel, Sarsaparillawurz je 5 g, Baldrian 11 g. 1 Esslöffel Tee mit einer Tasse heißem Wasser übergießen, kurz aufkochen, 10 Minuten ziehen lassen, abseihen und zwei- bis dreimal täglich eine Schale Tee trinken.

Es stehen zur Bekämpfung auch moderne Phytotherapeutika zur Verfügung, die helfen, den Östrogenausfall zu kompensieren. Die Wurzel der Traubensilberkerze enthält Triterpenglykoside, die eine östrogenähnliche Wirkung ohne Einfluss auf das Brustdrüsengewebe entfalten. Auch die Maca-Wurzel enthält eine Vielzahl von z. T. hormonähnlichen Substanzen und wird seit Jahrtausenden in der Volksmedizin verwendet. Der Mönchspfeffer wird ebenfalls bei Wechselbeschwerden eingesetzt. Die Wirkstoffe helfen, die körpereigene Progesteronbildung anzuregen und sind daher sowohl gegen Beschwerden des prämenstruellen Syndroms als auch zur Behandlung von Wechselbeschwerden hilfreich. Um hier die Heilpflanzen optimal einzusetzen, ist jedenfalls eine entsprechende Fachkenntnis erforderlich!

Kneipp

- gezielte Kneippanwendungen
- Lebensordnung

Mit gezielten Kneippanwendungen lassen sich auch die unangenehmen Wechselbeschwerden leichter überwinden. Täglich zwei Kneippanwendungen, regelmäßig über einen langen Zeitraum durchgeführt, regulieren das vegetative Nervensystem und steuern den hormonbedingten vegetativen Fehlfunktionen entgegen. Je nach Beschwerden kann man das Kneipp-Konzept individuell einsetzen:

Stehen Hitzewallungen im Vordergrund, wird man mit kühlen Waschungen am Morgen und einem kalten Armbad am Nachmittag gut dagegensteuern.

Bei Schlafstörungen wird man am Abend Wassertreten und bei nächtlichen Schweißausbrüchen eine kurze kalte Oberkörperwaschung vornehmen – das wirkt Wunder und man kann wieder einschlafen.

Wenn Unterleibsbeschwerden im Vordergrund stehen, kann man mit warmen Heublumenauflagen, temperaturansteigenden Fußbädern und warmen Sitzbädern, eventuell mit Kräuterzusätzen (z. B. Schafgarbe) die Beschwerden lindern. Sind Nervosität und Reizbarkeit ein ständiger Wegbegleiter, sollte man Dreiviertel- oder Vollbäder (am Nachmittag) mit beruhigenden Kräuterzusätzen nehmen: Hopfen, Melisse, Baldrian sind geeignet.

Vergällt ständige Müdigkeit das Leben, dann wecken Rosmarinbäder am Vormittag die Lebensgeister.

Für gesunde Venen macht man zumindest jeden 2. Tag einen kalten Knieguss (Kontraindikation: Unterleibserkrankungen) oder einen Schenkelguss, am besten morgens nach der Reinigungsdusche. Auch das Wassertreten hat sehr positive Auswirkungen auf unser Venensystem. Der Vorteil der Kneippanwendungen ist: Sie wirken nicht nur gegen eine Missbefindlichkeit, sondern sie regulieren das Vegetativum insgesamt. Man wird wieder belastbarer, ausgeglichener, bekommt mehr Vitalität und die bessere Durchblutung wirkt sich sehr positiv auf das Aussehen aus. Gerade die unangenehmen Wechseljahre kann man mit Kneipp wesentlich besser durchstehen!

Neben einer gesunden, vitaminreichen, energie- und fettarmen Ernährung ist auch ein regelmäßiges körperliches Training sehr hilfreich. Es wirkt sich genauso regulativ auf das Vegetativum aus und verstärkt die Wirkung der Hydrotherapie. Darüber hinaus hat es noch eine schützende Wirkung für Herz und Kreislauf – ein besonders gewichtiges Argument bei Nachlassen der Östrogenwirkung für mehr Sport in den Wechseljahren und in der Menopause.

Das Wichtigste aber ist die Lebensordnung. Überforderungen vermeiden, rechtzeitig für ausreichende Entmüdung sorgen, ein wenig zurückschalten.

Kneippverbände

Österreichischer Kneippbund,
Kunigundenweg 10, A-8700 Leoben,
Tel. (0 38 42) 2 17 18;
www.kneippbund.at

Deutscher Kneippbund e.V.,
Adolf-Scholz-Allee 6-8, D-86 825 Bad Wörishofen,
Tel. (0 82 47) 30 02-0;
www.kneippbund.de

Schweizer Kneippverband,
Weissensteinstraße 35, CH-3007 Bern,
Tel. (0 31) 3 72 45 43;
www.kneipp.ch

Windpocken

→ Homöopathie

Windpocken (Schafblattern, Varizellen) sind eine meist leicht verlaufende, sehr ansteckende Erkrankung mit dem Varicella-Zoster-Virus. Es gehört zur Gruppe der Herpesviren und wie der Name schon sagt, konnte immunologisch und durch Antigenanalysen nachgewiesen werden, dass es sich um ein und dasselbe Virus handelt. Schafblattern sind gewissermaßen die Erstinfektion, wenn der Erreger aufgenommen wird, während bei der Gürtelrose das in Ganglien (Nervenknoten im vegetativen Nervensystem) im Körper ruhende Virus aktiviert wird. Varizellen werden durch Tröpfcheninfektion übertragen, die Inkubationszeit liegt zwischen 14 und 20 Tagen, die Ansteckungsgefahr ist aber bereits vor Ausbruch des Ausschlags gegeben. Der Ausschlag sollte nie mit irgendwelchen Salben, Tinkturen, Mixturen usw. unterdrückt werden, einzig, wenn er stark juckt, ist eine Kühlung mit feuchten Umschlägen sinnvoll. In der Apotheke kann man auch ein juckreizstillendes Puder bekommen. Die Nägel der Kinder sollten ganz kurz geschnitten werden, damit es nicht durch Aufkratzen der Bläschen zur Verschleppung der Viren und zu Sekundär-Infektionen kommt.

Der Hautausschlag kommt meist ohne Vorboten, ziemlich plötzlich, selten kommt es zu einem kleinfleckigen Vorexanthem. Typisch ist das Bild wie eine Sternkarte: Fleckchen, Knötchen, intakte und zerkratzte Bläschen, mit oder ohne geröteten Hof. Oft leiden die Kinder schwer unter dem Juckreiz. Nach der Erkrankung ist man ein Leben lang immun. Komplikationen am Zentralnervensystem sind wesentlich seltener als nach Masern und liegen statistisch weit unter 1:1000.

Gefährlich ist die Erkrankung im ersten Schwangerschaftsdrittel, da es zu irreparablen Schäden am Embryo kommen kann.

Homöopathie

- **Dolichos pruriens**
- **Rhus toxicodendron**
- **Sulfur**
- **Varicillinum**
- **Antimon tartaricum**
- **Thuja**
- **Luesinum**
- **Urtica urens**
- **Pulsatilla**

Dolichos pruriens: Ist das erste Mittel um den Juckreiz zu stillen.

Rhus toxicodendron: Bei vielen kleinen, juckenden Bläschen; Sulfur oder Varicillinum, die Nosode (wenn schlechte Laune bleibt, der Ausschlag unterdrückt wurde oder sich nicht richtig entwickeln konnte); eventuell auch Antimon tartaricum, Thuja, Luesinum.

Urtica urens: Brennendes Jucken, Ameisenlaufen; Hitzegefühl auf der Haut, z. B. im Freien, in kalter Luft.

Pulsatilla: Empfindlicher Gemütszustand; wenig Durst, besser im Kühlen, an frischer Luft.

Wundliegen

Wundliegen (= Dekubitus) ist keine Krankheit an sich, sondern eine Folge andauernder Immobilität, nachdem die Haut dem herrschenden Auflagedruck nicht gewachsen ist. Der Dekubitus gilt heute vor allem als ein Zeichen nicht optimaler Pflege. Bei besonders hinfälligen alten Menschen kann jedoch die Durchblutung und damit die Versorgung der Haut so weit reduziert sein, dass keine Schutzwirkung mehr gegeben ist und auch bei guter Pflege ein Dekubitus entstehen kann.

Die Vorzugslokalisationen sind an Ferse, Schulter, Gesäß/Kreuzbein und Hinterkopf. Aber auch bei längerem Sitzen im Lehn- oder Rollstuhl kann Dekubitus am Gesäß und an den aufliegenden Ellbogen auftreten – also überall dort, wo zwischen Knochen und Oberhaut wenig oder kaum pufferndes Unterhautgewebe vorhanden ist.

Die Haut ist zuerst gerötet, dann »schmilzt« sie weg und es kommt zu mehr oder weniger großen Defekten, wobei das spärliche Unterhautgewebe und – wenn der Dekubitus weitergeht – Muskeln bzw. Knochen freigelegt werden.

Die einfachste Maßnahme ist es, den Patienten zumindest alle 2 Stunden umzulagern, sodass wieder andere Hautareale dem Druck ausgesetzt sind und das primär dekubitusgefährdete Areal besser durchblutet wird und sich »erholen« kann. Salbenpflege, zum Beispiel mit Ringelblumensalbe oder Johanniskrautöl, wirkt günstig um die Geschmeidigkeit der Haut zu verbessern.

Erste Hilfe

- **weiche Unterlagen**
- **Tang- und Gelatine-Kissen**
- **spezielle Matratzen**
- **Salben**
- **Abdeckverbände**

Der Patient wird auf künstlichen oder natürlichen Schaffellen gelagert, da die weiche Unterlage die Druckverteilung verbessert. Tang- und Gelatine-Kissen erweitern auch den Druck auf einen größeren Bereich. Im Rahmen technischer Verfeinerung gibt es Matratzen, die Gummischläuche eingelegt haben, in die abwechselnd Luft geblasen wird, sodass abwechselnd immer wieder (durch verschieden aufgeblasene Luftschläuche) andere Hautbezirke belastet werden.

Wenn der Dekubitus schon alt und mit abgestorbenen (nekrotischen) Gewebsmassen überdeckt ist, muss eine chirurgische Auffrischungsbehandlung vorgenommen werden, um eine Wundheilung anzuregen. Gleichzeitig muss jeder Druck vom Dekubitus genommen werden und freie Luft sollte dort zirkulieren können. Mit Soft-Laser-Bestrahlungen der Wundränder kann die Heilung gefördert werden. Weiters gibt es verschiedene Flüssigkeiten, Salben und Abdeckverbände.

Zahnprobleme

- Akupressur
- Homöopathie
- Heilpflanzen
- Hausmittel

Hauptfeind der Zähne und ihrer Umgebung ist der Zucker, insbesondere zähe Formen wie Konfekt. Zucker schadet dem alkalischen Milieu des Speichels, indem er es in den sauren Bereich hinein verändert. Damit fördert er auch die so genannte Plaque-Bildung an den Zähnen und in diesen sehr fest haftenden Auflagerungsschichten gedeihen jene Bakterien, die das Zerstörungswerk, das wir alle unter dem Namen »Karies« nur zu gut kennen, vollführen. Plaque kann nur mechanisch, durch kräftiges Bürsten oder vom Zahnarzt entfernt werden. Bestandteile von Zahnpasten können die Neubildung nicht ganz verhindern, aber doch verzögern, desgleichen auch Kaugummis mit entsprechenden Zusätzen (ist auf den Packungen deklariert). Am günstigsten wäre eine Spülung der Mundhöhle nach jeder Nahrungsaufnahme sowie morgens und abends gründliche Zahnpflege.

Um den Zucker im Körper verarbeiten zu können, bedarf es größerer Mengen an Vitamin B, ein Mangel wirkt sich negativ auf das Zahnfleisch (aber auch auf die Nerven) aus.

Noch häufiger als Karies tritt Parodontose (krankhafte Veränderung des Zahnhalteapparates, mit oder ohne Entzündung) auf, die sich in Zahnfleischschwund, Taschenbildung an den Zahnhälsen und Blutungsneigung äußert. Vernünftig ernährte Menschen, die auf Zucker – vor allem in zähen Darreichungsformen – weitgehend verzichten und intensive Zahnhygiene betreiben, leiden kaum an Parodontose. Dann ist auch gegen etwas Zucker in Tee oder Kaffee nichts einzuwenden. »Vollstopfen« mit Süßigkeiten in früher Kindheit legt oft den Grundstein für spätere Zahnprobleme. Im Übrigen sollten Kinder möglichst frühzeitig zu einer gründlichen Zahnhygiene angehalten werden.

Wenn die Parodontose bereits so weit fortgeschritten ist, dass Entzündungen in der Tiefe der Zahnhöhle entstehen, gibt es für die Zähne in diesem Bereich kaum mehr Rettung. Oft verlaufen selbst schwere Zahnschäden viele Jahre hindurch »stumm« – sie verursachen keine örtlichen Beschwerden. Tatsächlich aber beeinträchtigen Entzündungen und Eiterungen im Kieferbereich in den meisten Fällen den gesamten Organismus (»Herdgeschehen«). Es lässt sich auch eine deutliche Verminderung von Immunglobulin A, das sonst im Speichel in sehr großer Menge vorhanden ist und einen wesentlichen Bestandteil des Immunsystems darstellt, nachweisen.

Die Lage wird hauptsächlich bei »Zweitbelastung« kritisch. Das heißt, der Patient verspürt erst dann Beschwerden, wenn im Einflussbereich des »Herdes« eine weitere Störung auftritt. Die Abwehrkraft des Organismus ist dann so stark herabgesetzt, dass sich diese Störung – die ansonsten vielleicht mühelos verkraftet worden wäre – auszuwirken beginnt.

Konkret: Erkrankungen an Herz, Lunge, Darm, Haut oder Gelenken werden unter Herdbelastung akut und können den Patienten sogar in Lebensgefahr bringen.

In erster Linie leidet der Kranke an rheumatischen Beschwerden. Er klagt über Schmerzen an Stellen, an denen der Arzt kein Leiden feststellen kann. Die Beschwerden verschwinden oft ohne jede Behandlung; kommen aber nach einiger Zeit am selben oder auch an einem anderen Ort wieder.

Ärzte denken in diesem Fall an Herdgeschehen und untersuchen den Körper nach »Störstellen«. Sehr oft werden diese im Kopf gefunden, eitrige Nebenhöhlen, chronisch entzündete und bereits wild zerklüftete Mandeln oder, vielleicht am häufigsten, ein Zahn, an dessen Wurzelspitze sich ein kleiner Eitersack gebildet hat.

Akupressur

- ▲ MP 3
- ▲ Di 4
- ▲ Di 11
- ▲ M 5
- ▲ M 36
- ▲ Di 10
- ▲ M 8

Die Behandlungsmethoden der Chinesen und der westlichen Mediziner unterscheiden sich wohl kaum – mit der Einschränkung, dass sich in China viele Patienten auch beim Zahnziehen, zur Entfernung von Eiterherden an den Wurzelspitzen, mit Hilfe der Akupunktur schmerzunempfindlich machen lassen.

Ansonsten wenden sie zur Schmerzlinderung Methoden an, die ihnen schon seit Jahrtausenden helfen.

Im Schmerzfall drücken Sie mit den Daumen 20 Sekunden lang kräftig die Punkte MP 3 (knapp hinter dem 1. Mittelfußköpfchen) oder M 36 (die »Drei Meilen des Fußes« genannt – eine Handbreit unter der Kniescheibe, einen Querfinger seitlich davon. Hilft auch gegen Übelkeit und Blutdruckstörungen.) Der Punkt M 36 eignet sich übrigens auch für Moxabehandlung. Treten die Schmerzen besonders arg in Unterkieferzähnen auf, empfiehlt sich die Druckmassage der Punkte Di 4, Di 10 und Di 11. Zwanzig Sekunden lang kräftig drücken.

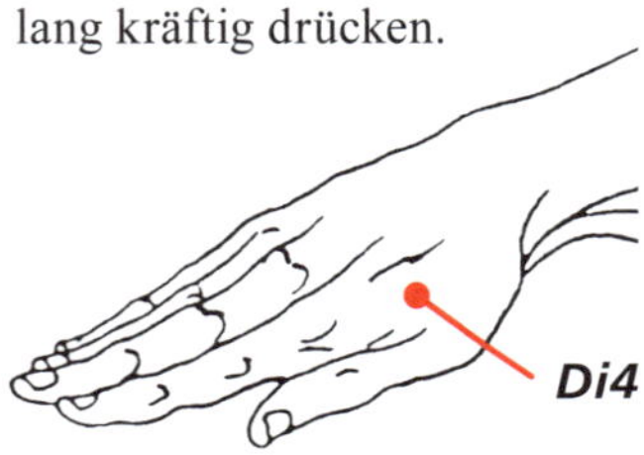

Der Punkt Di 4 liegt an der höchsten Stelle jenes Muskelwulstes, der dadurch entsteht, dass Sie den Daumen fest gegen den Zeigefinger pressen. Nun gegen den Mittelhandknochen in der Verlängerung des Zeigefingers drücken. Di 4 hat in der Akupunktur und in der chinesischen Massage größte Bedeutung. Er wird von jedem Behandler sehr oft verwendet.

Die Wirkung von Di 4 entsteht vornehmlich im Bereich des Gesichtes – Kopfweh, Zahnschmerz, Schnupfen, unangenehmes Druckgefühl im Kopf bei Fieber, aber auch Gelenkschmerzen im Arm und vegetative Störungen sind über diesen Punkt günstig zu beeinflussen. Schließlich lassen sich damit auch Schlafstörungen und Nervosität beseitigen.

Di 10 wird die »Drei Meilen des Armes« genannt, hat ähnliche Bedeutung wie M 36 und liegt zwei Querfinger unter Di 11. Einen weiteren Punkt zur Linderung von Schmerzen in den Unterkieferzähnen finden Sie direkt am Unterkiefer, knapp vor dem Kaumuskelrand (musculus masseter) – er wird als M 8 (im Chinesischen: Daying) bezeichnet.

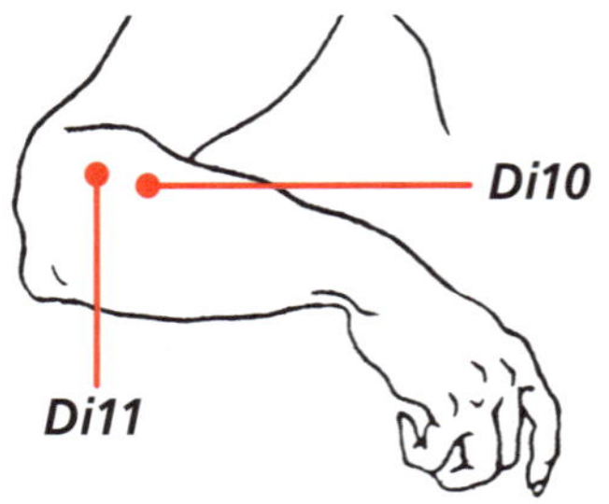

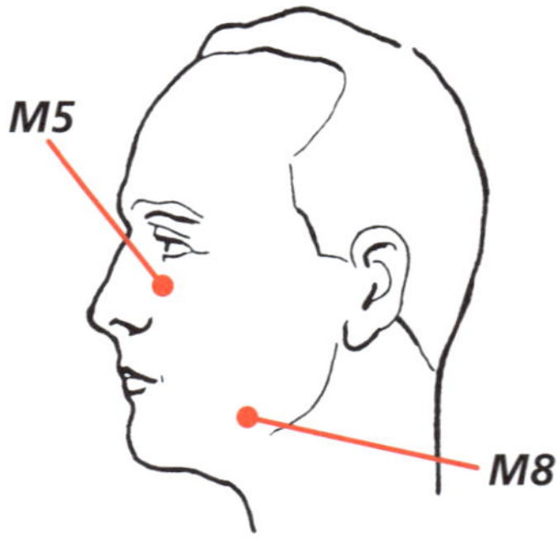

Speziell bei Unterkieferbeschwerden ist der Punkt M 5 wirksam. Er befindet sich einen Querfinger unter dem knöchernen Rand der Augenhöhle, genau in der Mitte. Kräftig am besten mit den Zeigefingern beide Punkte M 5 zwanzig Sekunden lang drücken.

Wenn neben Zahnschmerz auch ein Steifegefühl im Schulterbereich vorliegt, sollte Fußzonenbehandlung erfolgen. Massieren Sie dann den Punkt MP 3.

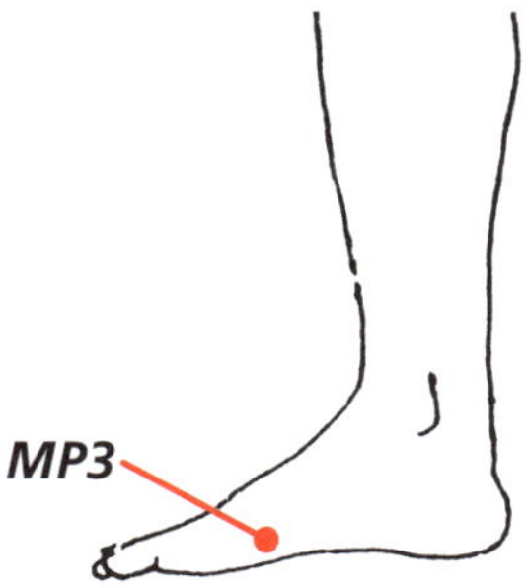

Sanfte Massage der Halswirbelsäule und der Schulter bringt ebenso Linderung. Da Sie diese Bewegung aber nur sehr schwer selbst zufrieden stellend ausführen können, empfiehlt es sich, einen Partner darum zu bitten.

Wenn Akupunkteure ihre Patienten gegen Zahnschmerzen unempfindlich und bereit für eine Behandlung machen, stechen sie ihre Nadel auf dem Zeigefinger an der dem Daumen zugewandten Seite ein. Ziehen Sie entlang des Nagelbettes eine waagrechte Linie, dann eine weitere Linie entlang des Nagels. Dort, wo die beiden Linien einander schneiden, also etwa zwei Millimeter seitlich und oberhalb des Nagelfalzwinkels, liegt die gesuchte Stelle. Bei Akupressur verwenden Sie den Daumennagel der anderen Hand oder, noch besser, einen Zahnstocher.

Dem Zahnfleischbluten wirken Sie durch sanfte Massage entgegen (dreimal täglich). Mit befeuchteter Fingerkuppe kreisend streichen. Möglicherweise blutet das Zahnfleisch anfangs noch stärker, aber nach etwa einer Woche kann mit deutlicher Besserung gerechnet werden.

Homöopathie

- Arnika
- Arsen
- Belladonna
- Bryonia
- Chamomilla
- Coffea
- Lachesis
- Mercurius
- Natrium muriaticum
- Nux vomica
- Plantago
- Pulsatilla
- Rhus toxicodendron
- Sarsaparilla
- Staphisagria
- Rheum
- Silicea

Zahnschmerzen können außerordentlich unangenehm sein. In vielen Fällen helfen homöopathische Mittel, die Schmerzen über Anregung der körperlichen Reaktionen zu beheben oder zu lindern.

Arnika, Arsen, Belladonna, Bryonia, Chamomilla, Coffea, Lachesis, Mercurius, Natrium muriaticum, Nux vomica, Plantago, Pulsatilla, Rhus toxicodendron, Sarsaparilla, Staphisagria werden häufig gebraucht.

Arnika: Oft nach einer Zahnbehandlung. Bei kräftigen Naturen, die überempfindlich auf alle Einflüsse reagieren, sogar Berührung; nicht einmal in die Nähe kommen darf man dem Patienten; die Schmerzen haben mürrisch gemacht. Oft neuralgische Beschwerden, die sich Nacht für Nacht wiederholen, tagsüber zur Gänze oder fast zur Gänze weg sind. Typisch: Kopf heiß, Körper kalt. Herumgehen und kühle Anwendungen bessern. Liegen ist oft unerträglich.

Arsen: Brennende Schmerzen, strahlen aus in die Wange, ins Ohr, zur Schläfe. Schwäche. Vor allem nächtliche, ängstliche Unruhe, weil da alles viel schlimmer wird. Findet keine Stellung, in der es erträglich wäre. Besser durch lokale, vor allem trockene Wärme und heiße Getränke.

Bryonia: Eher stechende Schmerzen. Luftzug und vor allem Bewegung verschlechtern. Besser in absoluter Ruhe und Liegen auf der schmerzenden Seite. Verlangen nach kühlen Getränken oder kaltem Wasser und dadurch Linderung. Lokale Wärme wird als unangenehm empfunden.

Chamomilla: Der Schmerz macht rasend, hochgradig schmerzempfindlich. Oft bei Neuralgien. Brennen und Schwellung des Zahnfleisches, der Wange. Kalte Anwendung bessert. Das wichtigste Mittel bei Zahnung der Kinder.

Coffea: Neuralgische Schmerzen in (auch gesunden) Zähnen; vor allem rechts unten. Periodizität: z. B. alle zwei oder drei Tage. Kaltes Wasser erleichtert, wird das Wasser warm, kehren die Schmerzen zurück (Clarke). Gesicht eventuell geschwollen, aufgedunsen.

Mercurius: Süßlicher, metallischer Geschmack, unangenehmer Geruch aus dem Mund. Starker Speichelfluss. Zunge und Zahnfleisch fühlen sich schwammig an. Zähne locker und empfindlich. Häufiges Mittel nach Zahnbehandlung. Die Füllungen schmerzen, auch nach Wurzelbehandlung und Füllung der Nervenkanäle. Bei schleichender Vergiftung des Körpers durch Amalgamfüllungen (Förderung von Allergien möglich) ist eventuell an Mercurius zu denken. Jedoch sollte Mercurius nie standardisiert zur Ausleitung einer Quecksilberbelastung gegeben werden! Patient/-in bekommt nach einer Wurzelbehandlung starke Schmerzen nach Auslassen der Spritze. Ein dumpfer, zum Ohr strahlender Schmerz. Wärme verschlechtert, Kälte (Eis) ebenso; mäßige Kühle und Arbeit bessern. Das Mittel ist Mercurius, dreimal viertelstündlich genommen, das einen ruhigen Schlaf ermöglicht.

Bei Abszessen der Zahnwurzeln, den Granulomen, ist Mercurius eines der wichtigsten Mittel; fast immer kann der Zahn erhalten werden.

Nux vomica: Schmerzen wie wund; Reißen in den Zähnen. Zahnschmerz durch Erkältung. Zahnfleisch weiß und geschwollen, Mundgeruch. Schlimmer nachts und gegen Morgen, durch kalte und heiße Getränke, durch Kaffee, im warmen Zimmer. Frische Luft und lokale temperierte Wärme bessern.

Pulsatilla: Es liegt eine weiche Gemütsart vor; kläglich, weinerlich. Schmerz in kranken oder gesunden Zähnen; erstreckt sich zum Kopf, zum Gesicht. Schlimmer nachmittags und abends, in der Wärme des Zimmers, durch warme Getränke. Besser im Freien. Wenig oder kein Durst!

Rheum: Das Rheum-Kind ist in seiner Stimmung genau so sauer, wie sein Körper; reizbar, ungeduldig, schreit nach den Dingen; hat eine Abneigung gegen seine liebsten Spielsachen (Clarke). Schwierige Zahnung. Sauer riechende Stühle, Koliken, Übelkeit. Schlimmer nachts und am Morgen nach dem Aufwachen und durch Bewegung (Unterschied zu Rhus toxicondendron). Besser durch Wärme, Einhüllen und zusammengerolltes Liegen. Der Rhabarber ist sauer, daher kann er viele saure Zustände zur Heilung bringen.

Rhus toxicodendron: Reißende, ruckende, schießende Schmerzen; wie wund. Zähne fühlen sich verlängert an, brennendes Zahnfleisch. Besser durch warme Anwendungen, durch Umhergehen. In Ruhe und nachts und durch Kälte sind die Schmerzen um einiges schlimmer.

Weitere Mittel: Natrium muriaticum, Silicea, Staphisagria.

Heilpflanzen

- Zitronenmelisse
- Pfefferminze
- Majoranöl
- Schafgarbe
- Leinsamensäckchen
- Gewürznelke
- Plantago
- Salbei
- Blutwurz
- Myrrhe

Dass bei Zahnschmerzen der Weg zum Arzt unumgänglich ist und gerne von selbst angetreten wird, muss nicht extra betont werden. Allerdings – die Zeit bis dahin muss überbrückt werden. Und da stehen verschiedene Heilpflanzen zur Verfügung: **Zitronenmelisse** (Aufguss), **Pfefferminze** und **Majoranöl** (einige Tropfen direkt auf den schmerzenden Zahn) sowie **Schafgarbe** (einige Blätter kauen) sind ebenfalls wirkungsvolle Maßnahmen. Auch das **Leinsamensäckchen** heiß an die Wange gelegt, mildert den Zahnschmerz.

Gewürznelke: Ist reich an ätherischen Ölen, die eine stark schmerzlindernde Wirkung haben (eines der stärksten Mittel gegen Schmerzen, das in der Natur vorkommt). Einen kleinen (!) Tropfen des Öls auf ein Zündhölzchen mit Watte (oder Wattestäbchen) und ganz genau den schmerzenden Zahn betupfen – nur den Zahn. Hilft es, dann nur wiederholen, wenn der Schmerz zurückkehrt. Oder: eine Gewürznelke neben dem schmerzenden Zahn platzieren, das nimmt den Schmerz ebenso. Ehestmöglich ist an eine Sanierung des Zahnes zu denken. Den Schmerz über einige Zeit mit der Nelke zu unterdrücken, wird den Zahn über kurz oder lang zerstören.

Plantago: Der Breitwegerich wächst als Unkraut überall in Europa, wo nicht gerade Beton oder Asphalt die Lande zieren. Mit einem Blatt den schmerzenden Zahn reiben, wodurch sich schnell Erleichterung einstellen wird. Zieht der Schmerz ins Ohr, wirkt ein zusammengerolltes, ins Ohr gestecktes Blatt lindernd. Symptome: Scharfe, bohrende, stechende Schmerzen vor allem im Oberkiefer, zum Auge ausstrahlend, kalte Luft und starke Wärme verschlechtern. Reichlich Speichelfluss.

Vor allem drei Heilkräuter versprechen bei Schleimhaut- und Zahnfleischproblemen Linderung. Zunächst der **Salbeitee** zur Spülung, wobei die Mischung mit Kamille noch zielführender ist. Auch **Blutwurz** als Gurgel- und Spülmittel lindert Beschwerden im Mund- und Rachenbereich und Entzündungen der Mandeln. Wirkungsvoll ist auch die in Apotheken erhältliche Tinktur. Die dritte im Bunde ist die **Myrrhe**, die zwar bei weitem nicht so gut schmeckt wie sie riecht, aber als Spülung (einige Tropfen Tinktur mit Wasser verdünnt) oder mehrmals täglich direkt eingerieben (ein Tropfen Tinktur genügt) hervorragend wirkt. Auch Einpinseln hilft. Vereint mit Blutwurz ist Myrrhe unschlagbar! Viele Zahnprothesenträger schwören bei entzündeten Druckstellen darauf (Blutwurztee und etwa zehn Tropfen Myrrhentinktur).

Salbei, Salvia officinalis L.: Bei diesem im Mittelmeergebiet heimischen, bei uns kultivierten Halbstrauch sind die Blätter interessant. Die darin enthaltenen ätherischen Öle, Gerb- und Bitterstoffe haben eine günstige Wirkung auf Entzündungen im Mund- und Rachenraum. Zwei gehäufte Teelöffel der Salbei-Kamillenmischung mit 1/4 l kochendem Wasser übergießen. Nach etwa 15 Minuten abseihen.

Hausmittel

- Sanddorn
- Heidelbeersaft
- Propolis
- Eichenrindentee
- Eibischwurzeltee
- Arnika-Tinktur

Jüngste zahnärztliche Forschungen in den USA haben ergeben: Nach dem Genuss von Obst und Obstsäften sollte man mit dem Zähneputzen eine Stunde warten. Geben Sie dem Speichel die Chance, dass er den durch die Fruchtsäure leicht angegriffenen Zahnschmelz reparieren kann. Wer zu früh und zu fest die Zähne putzt, kann dabei dem Zahnschmelz mehr schaden als nützen.

Prof. Bankhofer rät: Trinken Sie reichlich Sanddornsaft und essen Sie zum Frühstück Sanddorn-Konfitüre aufs Brot. Trinken Sie 3 Wochen lang 3-mal täglich 1/8 Liter naturreinen und ungesüßten Heidelbeersaft (Reformladen). Zusätzlich reiben Sie mehrmals am Tag das Zahnfleisch mit Propolis-Tinktur ein und verwenden Sie zur Zahnreinigung ausschließlich Propolis-Zahncreme (Apotheke). Spülen Sie alle 30 Minuten mit Eichenrindentee oder mit Eibischwurzeltee. Massieren Sie das Zahnfleisch mehrmals am Tag mit bloßen Fingern und tragen Sie dabei Arnika-Tinktur (Apotheke) auf. Kauen Sie öfter getrocknete Eukalyptus-Blätter (Apotheke, Drogerie) und spucken Sie sie danach wieder aus.

Zelltherapie

Es gibt eine ganze Reihe von Zelltherapien – die Frischzellentherapie ist wohl die Bekannteste davon – und alle sollen vor allem eines können: Den menschlichen Körper verjüngen!

Sieht man Prominenz von Politik, Kultur, Film oder Adel, und sie sind 60 Jahre alt und sehen aus wie 40, dann ist man mit der »Diagnose« schnell bei der Hand: Entweder Liften oder Frischzellen ...

Der Vater der Frischzellentherapie ist der Schweizer Chirurg Dr. Niehans. Er war der erste, der den Menschen Gewebe junger Tiere injizierte. Dem Ruf der Verjüngungschance folgte jeder, der genug Geld hatte, um sich eine solche Behandlung leisten zu können.

Doch es war nicht alles Gold, was glänzte. Es gab viele Zwischenfälle (Entzündungen nach den Injektionen, fremdes Eiweiß löste Allergieschocks aus) und sogar Schocktote wurden registriert. Vor allem aber können Frischzellenprodukte, sollten sie die versprochene Wirkung erbringen, nicht keimfrei gemacht werden. Dies führte dazu, dass die Frischzellentherapie in Ländern mit strenger Gesundheitsgesetzgebung verboten wurde.

Doch nichts konnte die »Karriere« der Frischzellentherapie in Ländern ohne korrekte Gesetzgebung aufhalten, und so gibt es dort noch immer Zelltherapeuten, die sich ganze Tierherden halten. Die trächtigen Muttertiere werden getötet, den Föten wird das gewünschte Gewebe entnommen und den Menschen injiziert.

Aus der Frischzellentherapie wurde versucht, sterilisierbare Extrakte zu entwickeln, die vor allem in der Tumortherapie mit einem gewissen Erfolg unter dem Begriff der »zytoplasmatischen Therapie« eingesetzt werden. Der Gefahr der Allergenwirkung des Eiweißes wird durch Einleitung mit allmählicher Steigerung der Dosierung begegnet.

Die Thymustherapie – in Schweden entwickelt – macht der Zelltherapie Konkurrenz. Hierbei handelt es sich um Kälberthymus oder Bries, das den jungen Tieren entnommen und dann den Menschen injiziert wird. Der Thymus ist ein wichtiger Bestandteil der Immunabwehr, der aber schon in der Kindheit zu verkümmern beginnt. Die zugeführten Thymusextrakte sollen das Immunsystem stabilisieren, regulieren und erneuern.

Jede Art dieser Therapien sollte gut überlegt werden. Sie kosten viel Geld und das Risiko ist groß!

Die Risiken, die mit Injektionen aus Tiergewebe verbunden sind, konnten auch durch Reinigungsverfahren nicht ganz aus der Welt geschafft werden. Allergische Reaktionen, Abszesse an den Einstichstellen, Übertragung von Krankheiten vom Tier auf den Menschen (Rinderwahnsinn) sind möglich.

Zellulite

→ Kneipp → Ernährung
→ Lebensstil → Hausmittel

Die verhasste Orangenhaut gehört zu den häufigsten kosmetischen Störungen bei Frauen. Von mancher Seite schätzt man, dass über 90 % davon betroffen sind. Sie entsteht durch eine Ansammlung vergrößerter Fettzellen, damit verbunden sind auch Ansammlungen von Lymphflüssigkeit und Schleimstoffen an jenen Stellen, wo die Natur den Frauen einen Fettansatz mitgegeben hat: Po und Oberschenkel. Die Haut zeigt äußerlich Einziehungen durch Bindegewebe-Häutchen, die sich nicht wie die Fettzellen vorwölben können. Daher der Vergleich mit der Oberfläche von Orangen. Männer sind davor gefeit, da ihr Bindegewebe anders aufgebaut ist. Es ist quervernetzt und die Fettkammern sind kleiner, können also auch weniger Flüssigkeit anziehen. Das Bindegewebe der Frauen ist säulenartig aufgebaut und enthält größere Fettdepots. Bei zu wenig straffem Bindegewebe und zu hohem Fettangebot beulen sich die Fettzellen aus und behindern die Durchblutung, weil die aufgefüllten Fettzellen die kleinen Blutgefäße abklemmen. Die Folge sind lokale Stoffwechselbehinderungen. Die Zellulite (diese Bezeichnung ist besser als Zellulitis, denn es liegt keine Entzündung vor) wird außerdem durch hormonelle Schwankungen begünstigt. Verdauungsstörungen wirken sich ebenfalls ungünstig aus.

Es gibt noch keine Therapie der Wahl und deshalb sollte man bei den verschiedenen, meist nicht billigen Angeboten eher zurückhaltend sein.

Die nachfolgenden Empfehlungen sind mit sehr geringem Aufwand verbunden, bringen aber trotzdem eine nicht unbedeutende Besserung, wenn sie regelmäßig betrieben werden.

Kneipp

- **Bürstenmassagen**
- **Wechsel-Schenkelgüsse**
- **Kieselsäurebäder**
- **Schachtelhalm**
- **Haferstroh**
- **Eukalyptus**

Bürstenmassagen verbessern die Durchblutung und haben eine straffende Wirkung auf das Bindegewebe. Danach: Wechsel-Schenkelgüsse → Band 6 Sebastian Kneipp. Sie sind ideal, um die Abwehrkraft und den Venentonus zur Verminderung der Ödemneigung zu verbessern, und helfen so auch gegen Zellulite. Außerdem sorgen sie für eine gute Durchblutung der Haut und verbessern deren Stoffwechsel. Man beginnt den Guss immer warm bei der rechten kleinen Zehe und dann folgt kalt, zweimal wiederholen. Zum Schluss werden die Fußsohlen begossen.

Günstig auf das Hautbild wirken sich auch Kieselsäurebäder aus. Dazu verwendet man Schachtelhalm- und Haferstroh-Extrakte. Auch Eukalyptus regt die Durchblutung der Haut an. Die Badetemperatur sollte dabei nur wenig über der Hauttemperatur liegen, 35 bis 37 °C sind ideal. Badedauer: 20 Minuten. Weitere Kräuterzusätze für hautstraffende Bäder: Fenchelwurzel glättet die Haut und als günstiger Nebeneffekt wirkt sie positiv auf die Atemwege. Salbei, Lindenblüten, Arnika und Schafgarbe sind ebenfalls Verbündete gegen eine schlecht durchblutete Haut.

Ernährung

- **Vermeidung von Fett**
- **Eiweiß**
- **Ballaststoffe**
- **Zitronensaft**
- **Kräutertees**
- **Matetee**
- **Grüner Tee**

Mit einer leichten, sehr fettarmen, eiweißreichen und ballaststoffreichen Kost, gelingt es, die Fettzellen nicht weiter aufzufüllen. Fettarmes Fleisch, Fisch, Gemüse, Hülsenfrüchte, Hüttenkäse und andere sehr fettarme Milchprodukte, Obst mit wenig Zucker sind geeignete Lebensmittel, um der Zellulite zu begegnen. Trinken Sie täglich den verdünnten Saft von einer Zitrone, das unterstützt die Kollagenbildung (das Fasergerüst des Bindegewebes). Essen sie so salzarm wie möglich, aber kaliumreich – das hilft Wasseransammlungen auszuschwemmen. Kräutertees, Matetee, grüner Tee sind ebenfalls gute Anti-Zellulite Getränke. Alkohol, süße Limonaden, Knabbereien und Süßigkeiten verstärken die ungeliebten Dellen und sollten daher gemieden werden!

Lebensstil

- **Massage**
- **Kneipp**
- **richtige Ernährung**
- **Sport**
- **Spezialcremes**
- **Kieselsäure**
- **Vermeidung von Sonnenbädern**

Gegen die Zellulite hilft regelmäßiger Sport: Wenn die Muskulatur unter dem Bindegewebe fest und stark ist, dann ist die Grundlage für ein glattes Hautbild gebessert. Also: Massage, Kneipp, richtige Ernährung und Sport sind das richtige Anti-Zellulite-Programm.

Es werden auch viele Spezialcremes (meist mit einem nicht sehr günstigen Preis-Leistungs-Verhältnis!) zur Straffung der Haut angeboten. Retinolhaltige Cremes und Vitamin C – äußerlich aufgetragen – sind Balsam für die Haut.

Zusätzlich kann man Kieselsäure einnehmen, Kieselsäure wirkt nicht nur stärkend auf das Bindegewebe sondern ist auch gut für Haare und Nägel. Ein Tipp für den Sommer: Keine Sonnenbäder für die Beine, denn Sonne schädigt das Bindegewebe langfristig!

Hausmittel

- **Kombinationsprogramm**
- **Zwiebelbrühe**

Prof. Hademar Bankhofer: Ärzte und Kosmetikfachleute wissen heute längst, dass man die Orangenhaut – von den Fachleuten Zellulite genannt – nur mit einem Kombinationsprogramm einigermaßen erfolgreich bekämpfen kann. Man muss sich gesünder ernähren und einige Zeit Fleisch und Wurst vergessen, dafür mehr rohes Gemüse und frisches Obst essen.

Man muss täglich 3 Liter Mineralwasser trinken, regelmäßig Bewegung machen und Freizeitsport betreiben: Rad fahren, schwimmen, Gymnastik. Und man sollte die betreffenden Hautstellen massieren.

Als zusätzliches Hausmittel bewährt sich die Zwiebelbrühe: Eine große, geschälte Zwiebel wird fein gehackt, mit einer Tasse kochendem Wasser überbrüht. Über Nacht zugedeckt ziehen lassen. Morgens auf nüchternen Magen vor dem Frühstück die abgeseihte Flüssigkeit trinken. Eine Kur sollte drei Wochen dauern.

Zöliakie

→ **Ernährung**

Die Krankheit Zöliakie beruht auf einer Gluten-Unverträglichkeit des Dünndarms. Gluten ist ein Klebereiweiß und findet sich in Roggen, Weizen, Dinkel, weniger in Gerste und Hafer.

Als Ursache der Zöliakie vermutet man eine Veranlagung. Diese führt zu einem Fehler eines bestimmten »arbeitenden Eiweißstoffes«, eines »Enzyms«. Dieser Enzymfehler der Dünndarmschleimhaut führt zu einer Störung im Immunsystem (lymphatischen System) der Darmschleimhaut. Die Folge dieser Störung zeigt sich darin, dass Klebereiweiß – ähnlich wie bei einer Allergie – als Fremdkörper, als »Antigen« empfunden wird. Dieses Antigen ruft im Organismus eine Abwehrreaktion mit Bildung von Abwehrstoffen, den »Antikörpern« hervor. Diese Antikörper gegen Polypeptide (Struktureiweiße des Dünndarms) führen zu einer Zerstörung der Dünndarmschleimhaut. Als zweite mögliche Ursache

Symptome der Zöliakie
Häufigste Beschwerden:

- *Durchfall*
- *Müdigkeit und Antriebsschwäche*
- *Völlegefühl*
- *Gewichtsverlust und Blähungen (bei mehr als der Hälfte aller Betroffenen)*

Weitere wichtige Symptome:

- *Bauchschmerzen*
- *Blutarmut*
- *Vitamin- und Eiweißmangel*
- *Übelkeit und Erbrechen*
- *Knochen- und Muskelschmerzen*
- *Im Kindes- bzw. Säuglingsalter kommt es durch die folgende Mangelernährung zu Wachstumsverzögerungen, Vitaminmangelerscheinungen und Blutarmut bis hin zu geistigen Fehlentwicklungen.*

Zervikalsyndrom

→ **Halswirbelsäulensyndrom**

wird der Mangel eines Enzyms (eine Peptidase = eiweißspaltendes Ferment), wodurch giftige Substanzen die Dünndarmschleimhaut angreifen und zerstören können, diskutiert. Aufgrund der modernen Diagnostik mit dem Nachweis von Antikörpern ist die Annahme der ersten Ursache eher als wahrscheinlich anzusehen. Das Krankheitsbild und die Schwere können außerordentlich verschieden sein. Das reicht von völliger Beschwerdefreiheit über verschiedene Beschwerden im Bauchraum und Allgemeinsymptomen bis hin zu Wachstumsstörungen bei Auftreten im Kindesalter. Dadurch stößt auch die Diagnose oft auf Schwierigkeiten.

Eindeutig bewiesen werden kann die Zöliakie mittels endoskopischer Beurteilung der Dünndarmschleimhaut mit dem Nachweis einer Dünndarmzotten-Atrophie, also einer Zerstörung des normalen Schleimhautreliefs, sowie durch histologische Untersuchung entnommener Gewebepartikel.

Eine zweite Form des eindeutigen Nachweises ist die Bestimmung von Antikörpern im Blut. Der Wert der gemessenen Antikörper spiegelt die Ausprägung der Erkrankung wider.

Die Häufigkeit der Zöliakie variiert weltweit erheblich. Für Europa wird sie mit 1:300 bis 1:4000 angenommen, in Japan und Schwarzafrika kommt diese Erkrankung nicht vor. Frauen sind etwas häufiger betroffen als Männer. Aufgrund erblich bedingter Neigung gibt es eine familiäre Häufung, bei eineiigen Zwillingen haben in 75 % der Fälle beide Kinder diese Erkrankung.

Ernährung

▲ **Meidung glutenhaltiger Nahrungsmittel**

Die Therapie der Zöliakie besteht in der lebenslangen Meidung glutenhaltiger Nahrungsmittel. Dazu gehören Mehl von Roggen, Weizen, Gerste, Hafer und Dinkel, sowie daraus hergestellte Produkte wie Brot, Kuchen, Nudeln, Paniermehl, Müsli, Bier u.v.m.

Erlaubt sind Maismehl, Hirse, Soja, Reis sowie reine Stärke. In geringer Menge (50 – 60 g/Tag) wird auch Hafer ohne Beschwerden toleriert.

Vorsicht ist geboten bei:

- Lebensmitteln, denen Aromastoffe, Farbstoffe oder andere Zusatzstoffe zugesetzt sind, sie können Gluten als Trägerstoff für diese Stoffe enthalten
- Hinter der Deklaration von Zusatzstoffen (wie z. B. Backtriebmitteln) kann sich Gluten verbergen
- Weizenprotein (Weizeneiweiß) wird der weiterverarbeitenden Industrie unter anderem für Fleisch- und Wurstwaren, Süßwaren, Snacks, Eis u. Ä. angeboten
- In Light-Produkten kann z. B. Fett und/oder Zucker auch durch glutenhaltige Austauschstoffe ersetzt werden
- Vor allem bei importierten Erzeugnissen ist Vorsicht geboten, da die in einem EU-Mitgliedsstaat rechtmäßig hergestellten und vertriebenen Produkte grundsätzlich auch bei uns angeboten werden dürfen. Diese Regelung sollte Sie zur Vorsicht bei Importware anregen, insbesondere wenn nach österreichischer Produktauffassung kein Gluten zu erwarten ist.

Diätfehler lösen sehr schnell erneut Symptome aus und können nach Jahren die Häufigkeit von Darmkrebs und bösartigen Erkrankungen, insbesondere von malignen Lymphomen erhöhen.

Am Therapiebeginn sollten bis zur Wiederherstellung der normalen Dünndarmfunktion Milchprodukte gemieden werden, weil auch der Abbau des Milcheiweißes infolge Laktasemangel gestört sein kann.

Säuglinge sollten generell vor dem 4. Lebensmonat keine glutenhaltigen Nahrungsmittel erhalten, um die Möglichkeit von Beschwerden einer Zöliakie hintanzuhalten.

Zuckerkrankheit

→ Diabetes

Zyklusstörungen

Unter Zyklusstörungen versteht man Abweichungen vom normalen, etwa vierwöchigen Rhythmus mit einer Blutungsdauer von 4 bis 6 Tagen, wenn nicht durch Schwangerschaft oder Menopause bedingt. Vor allem bei jungen Mädchen stehen die psychischen Ursachen für unregelmäßige Regelblutungen im Vordergrund.

Wird die Pille mehr als 2 Tage hintereinander vergessen, kann das der Auslöser für Zyklusstörungen sein. Durch die Pille wird die Gebärmutter in einen schwangerschaftsähnlichen Zustand versetzt und die Abstoßung der Schleimhaut bleibt aus. Unterbleibt die Einnahme der Pille, wird die Schleimhaut abgebaut und eine leichte Abbruchblutung setzt ein. Der Schwangerschaftsschutz ist dann nicht mehr gegeben.

Im reiferen Alter, vor den Wechseljahren, sind Myome häufige Ursachen von Zyklusstörungen. Die Myome schrumpfen meist mit Einsetzen der Wechseljahre durch den sinkenden Östrogenspiegel. Frauen mit Zyklusstörungen weisen häufig → Zysten auf (→ Myome, → Regelbeschwerden). Plötzlich einsetzende Rhythmusstörungen müssen so rasch wie möglich fachärztlich geklärt werden. Ansonsten genügen die allgemein empfohlenen Routineuntersuchungen.

Ursachen von Zyklusstörungen:

- *Psychische Bedingtheit*
- *»Vergessen« der Antibabypille mehr als 2 Tage hintereinander*
- *Myome oder gutartige Tumoren der Gebärmutterwand*
- *Eierstockzysten*
- *Bösartige Tumoren*
- *Allgemeinerkrankungen*

Zysten

Zysten sind abgekapselte, mit Flüssigkeit oder Talg gefüllte Geschwülste, die an sich nicht entzündet und mit Epithelgewebe (ein glattwandiges Gewebe) ausgekleidet sind. Von einer »falschen« Zyste spricht man, wenn die Auskleidung mit Epithelgewebe fehlt. Zysten können in allen inneren Organen, im Kieferbereich, einzeln oder gehäuft vorkommen, in der Leber, in den Nieren, an den Eierstöcken usw. Einzelne Zysten in Organen sind meist ein Zufallsbefund z. B. bei einer Ultraschalluntersuchung.

2 häufige Beispiele für Zysten:

***Eierstockzysten** sind relativ häufig, vor allem bei jungen Mädchen und entstehen, wenn ein Ei-Bläschen aufgrund hormoneller Bedingungen nicht platzt, das Ei nicht freigibt und sich ballonartig vergrößert. Die Eierstockzysten sind mit Flüssigkeit gefüllt und bilden sich meistens in den nächsten Wochen auch ohne Behandlung wieder zurück. Bei älteren Frauen können sie längere Zeit bestehen und auch bösartig entarten. Sie müssen daher behandelt oder engmaschig beobachtet werden. Unter Pilleneinnahme kann es zu keinen Eierstockzysten kommen, weil die Pille den Eisprung verhindert. Zysten verursachen auch oft Zyklusstörungen und werden dann mit dem Ultraschall bereits gefunden, wenn sie nur wenige Millimeter groß sind. Mittels Tastbefund kann man Zysten erst ab Marillengröße entdecken. Ist die Zyste glatt und unauffällig (was sich sonografisch feststellen lässt), kann sie mittels Hormontherapie behandelt werden. Ist die Zyste mehrkämmrig und hat flüssige und solide Anteile, muss eine weitere Abklärung vorgenommen werden. Die Zyste wird operativ sehr sorgfältig entfernt, und noch während der Operation erfolgt die histologische Gewebeuntersuchung. Ist diese positiv und liegt eine bösartige Veränderung vor, muss eine Radikaloperation (Entfernung der Gebärmutter mit den Anhangsgebilden) vorgenommen werden, meistens gefolgt von einer Chemotherapie.*

*Die **Bakerzyste** am Kniegelenk ist eine nicht seltene Aussackung der Gelenkkapsel nach hinten in die Kniekehle. Die Ursache liegt in einer Flüssigkeitsvermehrung im Kniegelenk auf degenerativer und/oder chronisch entzündlicher Basis. Die Flüssigkeit bahnt sich den Weg in die weiche Kniekehle und kann dann nicht mehr zurück. In der Kniekehle kann sie zu beträchtlicher Größe anwachsen. Die Bakerzyste verlangt eine ursächliche Behandlung der Kniegelenkerkrankung, die zur vermehrten Flüssigkeitsansammlung geführt hat und muss eventuell chirurgisch entfernt werden.*

Empfehlenswerte Bücher aus dem Kneipp-Verlag

Prof. Mag. Pharm. Otto Maertens
Die Heilkräuter nach Sebastian Kneipp

Hans Scherz
Natürlich gesund durch Fasten

Michael Weger
Gefühle heilen

OMR Dr. Hans Krammer
Mit Kneipp vorbeugen, lindern, heilen

Dr. med. Klaus Bielau
Homöopathie – verstehen und anwenden

Milenkovics/Kunze/Kiefer/
Pilss-Samek/Krammer
Das Kneipp-Wohlfühlbuch

Prof. Dr. A. Meng / Prof. Dr. W. Exel
Chinesisch heilen

Schoberberger/Kiefer/Kunze
Schlank ohne Diät

Kiefer/Charwat/Kunze
77 einfache Fett-weg-Tipps

Univ.-Doz. Mag. Dr. Ingrid Kiefer
Die Kalorien-Fibel 1

Univ.-Doz. Mag. Dr. Ingrid Kiefer
Die Kalorien-Fibel 2

Prof. Hademar Bankhofer
Sanfte Medizin

Prof. Dr. Wolfgang Exel
So besiegen Sie die Allergie

Prof. Hademar Bankhofer
Das große Buch vom gesunden Leben

Siegfried E. Kasper/Norman F. Rosenthal
Licht-Therapie

Elisabeth Fischer/Dr. Irene Kührer
Ernährung bei Krebs

Prim. Dr. Michael Vitek
Wenn die Bandscheiben Probleme machen

Prim. Dr. Michael Vitek
Hilfe für das Kniegelenk

Univ.-Doz. Mag. Dr. Ingrid Kiefer/
Univ.-Prof. Dr. Michael Kunze
Cholesterin

Univ.-Prof. Dr. Harald Dobnig
Osteoporose

MR Dr. Karl F. Maier
Besser schlafen – nicht schnarchen
Niedriger Blutdruck

Dr. Norbert Adelwöhrer
Klimakterium als Chance

Dr. Heimo Vedernjak/Susa Juhasz
Mut zur Operation

Dr. Wolfgang Sattler
Wege aus der Schmerzkrankheit

MR Dr. Karl F. Maier
Thrombosen

MR Dr. Karl F. Maier
Sodbrennen und Gastritis

Prim. Univ.-Doz. Dr. Udo Zifko /
Univ.-Prof. DDr. H.c. Gerhard Barolin
Der Schlaganfall und das Leben danach

MR Dr. Karl F. Maier
Alzheimer

MR Dr. Karl F. Maier
Fieberhafte Erkrankung

Univ.-Prof. Dr. Karl Pummer
Alles über die Prostata

Fialka / Worseg / Zifko
Karpaltunnelsyndrom

Dr. Reinhild Maier
Gesunde Zähne ein Leben lang

MR Dr. Karl F. Maier
Verstopfung

Univ.-Doz. Dr. Udo Zifko/Dr. Irene Zifko
Migräne

OMR Dr. Hans Krammer
Lebenswert leben mit Rheuma

MR Dr. Karl F. Maier
Balance für die Seele

MR Dr. Karl F. Maier
Probleme mit der Schilddrüse

MR Dr. Karl F. Maier
Bluthochdruck

MR Dr. Karl F. Maier
Kursbuch Atmung

MR Dr. Karl F. Maier
Kursbuch Blase und Nieren

MR Dr. Karl F. Maier
Kursbuch Herz und Kreislauf

MR Dr. Karl F. Maier
Kursbuch Krebsvorsorge

MR Dr. Karl F. Maier
Kursbuch Verdauung

GESUNDHEITSBIBLIOTHEK **Gefühle heilen** GESUNDHEITSBIB
len GESUNDHEITSBIBLIOTHEK **Gefühle heilen** GESUNDHEITS
heilen GESUNDHEITSBIBLIOTHEK **Gefühle heilen** GESUNDHE
e heilen GESUNDHEITSBIBLIOTHEK **Gefühle heilen** GESUND
fühle heilen GESUNDHEITSBIBLIOTHEK **Gefühle heilen** GESU
Gefühle heilen GESUNDHEITSBIBLIOTHEK **Gefühle heilen** G
THEK **Gefühle heilen** GESUNDHEITSBIBLIOTHEK **Gefühle heil**
LIOTHEK **Gefühle heilen** GESUNDHEITSBIBLIOTHEK **Gefühle h**
BIBLIOTHEK **Gefühle heilen** GESUNDHEITSBIBLIOTHEK **Gefü**
HEITSBIBLIOTHEK **Gefühle heilen** GESUNDHEITSBIBLIOTHEK
SUNDHEITSBIBLIOTHEK **Gefühle heilen** GESUNDHEITSBIBLIO
GESUNDHEITSBIBLIOTHEK **Gefühle heilen** GESUNDHEITSBIB
len GESUNDHEITSBIBLIOTHEK **Gefühle heilen** GESUNDHEITS
heilen GESUNDHEITSBIBLIOTHEK **Gefühle heilen** GESUNDHE
e heilen GESUNDHEITSBIBLIOTHEK **Gefühle heilen** GESUND
fühle heilen GESUNDHEITSBIBLIOTHEK **Gefühle heilen** GESU
Gefühle heilen GESUNDHEITSBIBLIOTHEK **Gefühle heilen** G
THEK **Gefühle heilen** GESUNDHEITSBIBLIOTHEK **Gefühle heil**
LIOTHEK **Gefühle heilen** GESUNDHEITSBIBLIOTHEK **Gefühle h**
BIBLIOTHEK **Gefühle heilen** GESUNDHEITSBIBLIOTHEK **Gefü**
HEITSBIBLIOTHEK **Gefühle heilen** GESUNDHEITSBIBLIOTHEK
SUNDHEITSBIBLIOTHEK **Gefühle heilen** GESUNDHEITSBIBLIO
GESUNDHEITSBIBLIOTHEK **Gefühle heilen** GESUNDHEITSBIB
len GESUNDHEITSBIBLIOTHEK **Gefühle heilen** GESUNDHEITS
heilen GESUNDHEITSBIBLIOTHEK **Gefühle heilen** GESUNDHE
e heilen GESUNDHEITSBIBLIOTHEK **Gefühle heilen** GESUND
fühle heilen GESUNDHEITSBIBLIOTHEK **Gefühle heilen** GESU
Gefühle heilen GESUNDHEITSBIBLIOTHEK **Gefühle heilen** G
THEK **Gefühle heilen** GESUNDHEITSBIBLIOTHEK **Gefühle heil**
LIOTHEK **Gefühle heilen** GESUNDHEITSBIBLIOTHEK **Gefühle h**
BIBLIOTHEK **Gefühle heilen** GESUNDHEITSBIBLIOTHEK **Gefü**
HEITSBIBLIOTHEK **Gefühle heilen** GESUNDHEITSBIBLIOTHEK
SUNDHEITSBIBLIOTHEK **Gefühle heilen** GESUNDHEITSBIBLIO